太極拳透視

眾妙之門・上卷

3

陳傳龍

———著

| 目 錄 |

陳傳龍 ────────────────────

字逸雲,江蘇海門人,1948年於上海高中畢業後,渡海
臺灣就讀大學,經由公家考試,由政府分發就業。當時因
身體羸弱,拜仙宗崑崙派 劉公培中為師,修習道功暨太
極拳術,並於論經歌解深研太極拳理法。

現已年逾九旬有七,生活動作仍有如年輕人一般,證驗了
太極拳不但是拳術,亦是養生之功。

太極拳的【空】

問：這個空是靠筆記上所寫的這個鍛鍊過程練出來的嗎？

【師】：我也是自己練了幾十年，自己悟、自己摸索，這個空要練的就是要空掉，就是什麼都不管，人家推我，我就講過「推手不推」嘛，「任他巨力來推我，不理不睬不管他」，這就是空掉了，你被推了，你不管他啊，我不管你，來的就統統沒有了，完全空掉了。

問：老師一空掉，我們就整個好像被你完全吸進去了？

【師】：我什麼都不管他，那是你們的感受啦！空就是人家到我身上，我就空掉不給他知道，泰然若無事，全部都是空的，沒事，身形上全部鬆透了，心理上也不理不睬。我人在這個地方沒有錯，但我無形無象。我有形象站在這裡，但是無形無象，好像是沒有形象，因為你摸不到我，什麼都沒有了。這是一種隱喻，本來密傳的，全身透空就是鬆透了，不但身體要鬆透，鬆透就是人家摸到你身上，你馬上化掉了，不理他了，不理不睬就空掉了，這就是「推手

不推」。你要跟他推就不能空，不推啊，站在那裏無形無象，全身透空，這是連在一起的，你全身透空他摸不到你形象，你就無形無象了，人家一來摸到你身體，身體都摸不到，因為摸到你身體你都不理他，就化掉了，因為我不跟人家推啊，我沒有動作啊，一點都沒有，完全沒有動作，就空掉了，動也不動，就是這樣。

問：那這是在平常推手對練的時候練習？

【師】：這是平常的修養，要追求這個，這是一個最高的境界，我們要追求這個境界就是這樣，這不是一步登天的，這是一種追求的境界。那怎麼追求呢？就是沒有理他，經過長久的練習，慢慢就可以達到這種實實在在最高的空境界。

問：關於被空透的人發勁，如何聽自己及對方空的感覺，才會漸漸理解，所謂知己知彼，相互在空的流動之間？

【師】：要靠自己練，就是鬆開了，「推手不推」，就是不要人家來我推人了，那空得了嗎？你沒有空啊，你有了嘛！你來跟我推，我就是不跟你推，你推來我統統化掉沒有了，而且也不是用身體化，就是不理不睬不管他，這是慢慢的自己悟到的，我講過的「泰然若無事」。譬如說你全部透空了，就空掉了，沒有事，心裡也沒有事，一個是不理不睬不管他，任他巨力來推我，泰然若無事。還有就是不推了，「推手不推」，這是要靠自己去努力，自己去涵養，自己去悟的事情，這最高境界，是要自己去涵養出來的，不是可以講講你們就懂掉的，不是這個事情。這個拳是一個藝術，要自己去悟，就是空掉，就不要管他了。

人家摸到你身上，你不理他是不是就能空掉，沒有了？有如人罵我、打我，我都不理他，什麼都沒有了，因為你有了反應，就有了東西，就空不了。太極拳最高境界是空。

問：這要把體練出來之後才會有那個膽量去空掉吧？去不理不睬不管他？

【師】：要馬上抓到這空字那是不可能的，要人家弄到你身上，你什麼都空掉，人家摸不到你，不是這個空怎麼空得了？我書上有講，全身透空不是把身體都沒有了，空的就是人摸不到你，摸到你好像是空，好像是空的，無形無象是好像是無形無象，不是真的無形無象，人家摸到你身上摸不到了，摸不到，你的形象沒有了，明明在眼前，可是摸不到啊，摸不到不就是好像無形無象了嗎？是這樣的一個情形，這是一種境界，這個境界是我們要追求的境界，並不是三句話幾句話，你一百萬句話都沒有用。站在那邊你推我，我就不接嘛，統統空掉，太極拳就是統統空掉，沒有了，這最高境界。以前我聽到他們講我一推你，推不到，拿也拿不到，摸也摸不到，抓也抓不到，這最高境界這是要追求的東西，不是馬上可以拿到的，這個東西是自己要不斷追求學習的。

要把以前那個發勁的事情忘了，這個對你妨礙很大，這個不是我教的，我不教這個東西，要釐清。人家的東西

你擺在這裡，如果可以你早就會發勁了，怎麼還在這裡？這個不行，我教你發勁有發勁的方法，不是把力發到別人身上去，要發到自己的身內來。

不是我霸道，是不對的思想你要全部把它丟光，以前後天學的東西，跟先天本來會的東西，統統要丟光掉。太極拳是後天學習的，是全新的學問、全新的境界、全新的認知，是反向的觀念，太極拳是這樣的一個東西，從未見過的境界。

陳傳龍 | 講述2016年9月02日
學生黃珍映 錄音整理

學太極拳陷於迷途之因

　　學習太極拳，往往認為太極拳是外面的拳套姿式，其實這實在是認知上的一個大誤，而致陷入迷途。太極拳是內家拳，全在於內在運作，不在外面姿式。經論歌訣所言，全是內在運作之法。

　　本筆記所記，全是作者在練習過程中所得的，具有實際效能的內在運作心得與方法，今將之整理出版，以供同好參考深研。

陳傳龍｜於臺北2017年11月1日

《太極拳透視》編輯歷程

常聽到師兄姐跟我說謝謝，因為我工作的出版社偕同恩師弟子，協助恩師出了本完全不講門派、只探究太極拳真義的奇書《太極拳本義闡釋》，也幫恩師將一十四本密密麻麻記錄的練拳筆記打字繕校出來等等，我心底深處總覺得極不好意思承領這些，因為，常常覺得自己其實是個最受恩典的人，能如此幸運將自己生命中除工作之餘的絕大時間，沉浸在恩師盡一生之心力領悟傳授的太極拳深奧學理中。

我記得剛一認識老師，教我的就是三句話「一柔破萬招」、「能柔萬事成」、「胯動萬法備」。一開始聽到，我們可能不覺其言之重，像歌謠一樣聽聽就是。有一次見到老師捧著用細鐵絲線細綁著的十幾本練拳筆記準備將之扔了，此時老師也是輕輕對我們又叮囑著，學太極拳只要能全身柔透，純任無為，做到「一柔破萬招」、「能柔萬事成」、「胯動萬法備」，老師不厭其煩苦口婆心反覆叮嚀這幾句，所有筆記記的在他今天看來已沒什麼重要了，都不過只是將全身柔掉、軟掉之後的必然結果！

筆記終究是被我們急攔了下來！老師功夫層次如珠峰

之高深莫測，我們想要理解的卻是他這一路攀登峻嶺的過程點滴。老師說，這些筆記都是他在與人推手時想到的，也有的是在練拳時研悟經論歌解，再有是平常自己思考的功法心得，有時想到就記在紙上，他身邊直到現在還有累積著一疊散佚的記著學拳心得的小紙張，紙張記載的時期功力尚淺。後來他又用小筆記本（退休後開始記，時已練拳近四十載），有時在路上佇立著就隨手記，有時坐在公車上想到就記下來。逐日逐月逐年，光陰把人催老，但老師對拳理解的功力，也隨著時光流轉而構築了堅固厚實的根基。

花了一年多的時間，從辨識老師振筆疾寫的潦草字跡，打字，再交回給老師來來回回的修改校對。每一句每一段，老師以現今的高層次體悟再去反敲思考筆記寫的是否正確，是否能鍛鍊內功內勁，是否符合太極陰陽之理，是否能讓大家都讀得懂。每一本筆記打字修改審閱的過程，我大概也隨著老師來來回回看了十餘遍。功夫有蛻變成不可一世的俠女嗎？愚鈍如我所差尚遠矣！但心裡知道自己對拳的眼界可真是越來越雲深不知處了，說是雲深不

知處，但也回到了返璞歸真、大道至簡的正道正念之軌，對太極拳因此也有了比較清楚的認識。

「為道日損，損之又損，以至於無為」，協助筆記整理至今，終也能深深感受到道德經這句話的真義了。老師的拳，柔透到全身皆空，以求無為。所謂的發一點也不是攻擊人的有為的法，大部分人一推手就想打人，一遇到力就想做些什麼，但要轉化到這個無為、不做、純任自然、究竟要如何損，就是學習鍛鍊中的一個大關。人從一出生，我們的心我們的身就開始積累許多有為之法，把自己牢牢綑綁了，在心裡想的是頂是抗是攻擊是防衛，於是在身上的是緊繃是僵力，是黏著的筋骨，是氣血不和暢，但要如何將「我」從這些不自然之中脫離，返回道法自然的本我面目？老師說，太極拳是道的真實證驗，是入道之門，通過太極拳的學習，我們的身心都可以蛻變、可以返回自然之道，我在恩師的推手教學中深深體會到這個重返虛空的作用的玄妙。譬如有一回我又問如何鬆，老是鬆不了，老師回答：「心裡一切都不管就鬆了，哪裡還有什麼怎麼鬆！你想做什麼去鬆就又是有為了，一做身就僵。」我還是不死心的問可

我還是鬆不了啊？老師笑笑的回我：「那就是修養了，你以為想有就能有的了嗎？要丟有為，不停地丟，知道哪裡動就丟哪裡。」

　　老師窮盡一生心力寫成的這九本筆記，真的只能一讀再讀一再的體驗，反覆跟平常的練習相互琢磨、推敲、思考、質疑、請教，這是一個觀念與認知上的反轉與回到本源初心，不斷迴旋向上的學習過程，也是一種默會知識的理解歷程，你無法單靠字面字義上的表層去認識或記憶它，只有靠自己的身心整個感官去領會它。恩師說，一個方法懂了就能曉得了，就一個方法，就可以上路了，照這個方法老實去練，就跟打乒乓球一樣一直打一直練，不斷的練，可臻出神入化之境。九本筆記每一條記的都是實際可練、有真實功效的功法。老師教的從來都不是外形姿式，練的是內勁、內功，全在於心中的內在運作，除此之外，恩師都不認為是真的太極拳，這是他對太極拳最真實的理解，遠遠超越門派之見，也是他最念茲在茲的教導。這些筆記在太極拳武學傳承上已經是一個實實在在的基石，見證著道藝合一的玄闊深奧。

黃珍映 ｜2017年10月10日

太極拳 | 透視 |

1995/11/17 ── 全以運氣養氣為本而練。

　　動移化氣流，恰似風過境。
　　意先起於足，立身始有根。
　　伸縮少不掉，遇緊急拉開。
　　全在練脊椎，根源在於腿。

　　柔化時不可有終點停住，要愈長愈後，彌高彌深，前進退後，都是一樣。粘人時亦如此無稍停，身內氣流迅速。

11/18 ── 動就以旋拉長筋肉，踝一定要旋，腰椎中央一點定住不動，全身旋起來較順。旋中以伸縮來調和柔身，以想旋而不旋，來拉長緊繃之筋肉，自可鬆柔，不但要放長筋，更要以運氣來旋，意在前，氣在後，乃至只有氣流。

　　心有旋意身不旋，放長筋肉空我身。
　　旋轉方向腰胯帶，定住中竅動乾坤。
　　旋時作趴身始靈，意領氣行為根本。
　　若問大功因何成？全身透空始高深。

搭手要手觸而不碰，腰脊進而不前，其意為雖手觸及彼身，卻不可有碰到彼身之意。發放時雖用腰前發，但要有不進之意，以求產生內勁不令人知，彼必無從抗拒而跌出。

力要用而不出，手要觸而不碰，身要進而不前，此為發勁之「三不」，以啟動內勁。

旋時以好像在旋帶脈（中醫之名稱，在腰間），就可旋得很輕很順。

11/19 —— 昨之「三不」，配以「化陣風」和「消極」之意，是消極即是無為，化陣風要從腰椎中一點來化。對來力之吸收要大，要徹底吸入骨。發時化風，即將身內之氣由四肢皮毛如風一樣的吹出。心要靜聽彼勁，若在靜寂之環境中，靜聽遠處之微音。旋時，以好像在旋即可。「不移之動」，雖動，但心中有身不移之想。由動而不移則生內變，由變生旋。

雖動身不移，乃見浪濤生。
此即動化氣，放開任自流。
如欲避雙重，動靜全用脊。
弓趴脊自弓，注意勿使丟。

如動靜非由胯而生，力不由胯發，未將胯突出、顯出，就不合法。

彼擊我（肩、胸），我不可只讓而化之，不能有陰而無陽。我可在讓中粘之、接之、吸之，同時以消極之心，扶之、抱之、提之、貼之、趴之、攦之，化風吹之。消極是消去我本有之能，以求鬆柔。啟發身內潛能，即內勁。

化改為承接發之，故承接乃化，化乃發。一切均要分清動靜，身動心靜，心動身靜，心進身退，身進心退，方可動靜分清。此在化風落敗消極之心中均要有之，身伸意縮、意伸身縮，總之，有形與無形分清，反向而為，以培養內勁。

11/20 —— 身消極，心使身消極即積極，故意做消極就是積極，以消極尋取積極，積極之心意愈微，則勁愈強，一切作為均以消極為之，要細微至極。消極中自有積極，故欲使周身輕柔而能產生內勁，須以消極，而非積極。積極是用力，是有為；消極是不用力，是無為。太極拳本是棄有為求無為的拳術，無為始能有內勁。

化陣風隨時要做，專研之即可知與消極互通，就

是放，以足化風，全身就化。

身上有力，就是因為已丟了用胯，故丟了用胯就丟了拳。

人推我，就已是明示其虛實，我可擊之，摸其空洞，即其虛處。

11/21 —— 觸而不碰，乃搭手時之必須，平日多練之。

足勁浮起乃由於上身移動，故頭頂一定要不移不動，上身始不移，足始有根。

11/22 —— 推手勁意要由足發，使足有跟，若在手則易折。因手上勁易為人知，故勁意應由足起發至手，手本身不發生氣，接人之勁也要用足或身，不是手。

與人推，粘住時均用小腿勁發之，接處一點也不動聲色，可見動要在下，動處要不為人所知。

又與人推，用意旋氣在身內轉，彼就感覺明確，而可滑走。氣在踝轉，令人不知其由而跌出。

11/23 —— 彼衝來，我坐而向後攦之，不要忘，或以弓身提之、化之。

只要以反向之心理即成。例如：我要撥彼、攞彼時，以不撥、不攞之意，即手上無力，力由是而從足生。

　　以消極之心為輕柔之最，之前所謂「動而不移」，此即在動時，雖動而心中求定而不移之意，乃有中定之意。

11/24 ── 與人推手，對方因感受到我之勁而向上，此乃因我以勁下沉，卻令彼感到其身被我向上推。

　　遇蠻力要以腳勁提之。所以我練時要好像在提蠻力似的，在用力中力求不用力，則上柔而腳勁強，此為對付大力之練法，屆時主要在明其虛實及力之架構，以順其勢，借其力破之。

11/25 ── 如果拿住後發而不成，接著，常無意中就用手制，此一般之敗筆，偏離拳理。發放忌用手，用手乃因己之勢已失，已無再發機勢，故用手。發中仍要保持中定，接下去就有機勢。

　　你自認已拿到，彼亦知你如何拿，若依此方向發放，彼必知而應對，故不能依此明路而發之，此機勢方向必不可稍有動靜，使人不知我。故要用趴、抱、

旋踝等發，則可令人不知。發時實應將接彼之手勁鬆落而仍貼，使彼落空不知我勁，故虛者實之，實者虛之。發勁之失敗，均在於有動意，而致手動為彼所知也。拳講求鬆柔輕靈者，也就是為了不讓人知，故要不丟不頂，如影隨形。

人雙手大力推來，我以弓腰後坐待之，首要在明其力之架構虛實所在，與強弱之處，知彼而後擊之，搶住先機，乃為致勝關鍵。

關於「旋」，只要踝旋，其他各節即不得不轉，即勁起於腳跟之謂，腰胯的動要加以伸縮以配合之，其他各部定而求靜，隨之轉動，此旋之道也，宜深明之。

「動」，旋踝就對，加上腰胯伸縮，以配合放、落、趴、抱。

今天試旋脊椎，亦可有效。旋別處也有效，不必刻意去旋踝，要隨機而旋。

今以蒼鷹落坡（蒼鷹從高空向山坡衝下）發勁，有效！

11/26 —— 處處要做一個有退路的想法與姿勢，這樣才能應對自如，但腿吃力（因周身力沉至胯腿）。如

只作抗拒，而不顧及退路，則要動時，將感到已卡住而不靈活。

打拳要有陰陽，亦即動時就要心中找靜，快時要慢，用力時要找不用力，進時要存退想。總之，要心存相反的一面，發時要存不發之想，制時要存不制之想，退時要存不退之想，如此才有陰陽，才能稱太極，才有內勁產生。

發人用心中提腳跟是有效的，一心提之，心中不要攻彼上身。

11/28 ── 留後路乃為基礎，不可無之。

旋圈不限於形式為何，有得機之勢即旋，多練旋圈。

以兩點連成一線，制彼中脊，此為基礎之法，但要不拘形式，有一點即找出另一點。原因在於兩點之中心點為彼之中脊，中脊拿準，彼必受制。

一切力不離足跟，一切動以足為跟，一切動足跟一定要參與，有跟始有一切。

11/29 ── 意想以腰胯扭旋打拳，非以一般性的凡俗動作方式打。用一般性的凡俗動作，是隨時都在做

的，只是比形式，毫無意義。

意想彼來的力為燙手之紅鐵，不可觸，急避之，故必須留有退路。

腰胯如駕駛盤，從身內用肘或肩臂勁去轉動，順人之來勢轉，腰胯反應就快，有如避人追逐似的。

要旋就不能動，動了就無旋，旋時心中在原形原地，不動不移。人挨我，我用腰胯扭旋即成。旋，就是要不妄動，以腰胯扭旋，就可全身鬆放，進以腰胯扭旋而進，退以腰胯扭旋而退，進時作下按，退時作上提，旋腰中一點亦順。

不要太拘泥旋螺紋，任意隨勢旋。

以上所記，可先想以腰胯轉動檔中之球再動，專心致之。

11/30 —— 要以接引代替化，化只是讓人，接引是發之準備，要使彼自己送到我的機勢上來，自投羅網。

用氣在身內旋，即使身不動不移，則彼一挨我，彼就跌出。

彼按我上身，此時即要用腰胯放開接之，如只放上而不放下，則下被制，雖可放之，但終不是正途，故接引是用腰胯。又彼與我相接，則用縮腰脊、化陣

清風、蒼鷹落坡、趴身拾物、揚翅欲飛、開襠旋踝，以及欲發即止等意想發之。做以上動作都要氣繞湧泉，無動不是發勁。

如在前弓步發時，以後膝旋腰為之，但要一發即收，否則大害。

12/1 —— 在後弓步前進時，以腰胯下壓後腿而進。在前弓步時後退，宜用腰胯提縮後腿而退，則全身甚鬆柔，立身穩實。

在動之前，必先縮，向腰脊中縮，以聚氣勁。

【關鍵里程碑】

運動不能用一般常態之俗動，動時要以各種口訣去動。如趴腰抱樹、白鶴揚翅、蒼鷹落坡、靈燕翻身、化陣清風、靈貓縮身等等仿效動物之動作，但不離氣繞湧泉（腰脊輕縮，氣已繞湧泉）。最重要的是，發勁時，千萬不能向得勢處用俗動發，如用俗動必無效。要以上述意境發，切記凡此種種，均不離氣之作用。以一般常態之俗動，只是比形狀姿式，毫無意義。

已得勢發勁時，不能有發之想。如攦人時以回身觀望之想；擠時用坐觀海濤之想，讓身慢慢自行前移；掤時做承天之氣之想，要脫盡俗動；按時用趴腰撿球之想，用以發動腰胯之勁，不要動手。

12/2 —— 沒有動，不做動作，不要動，只要以意想著氣依招式旋轉，與天地之氣相合旋轉，就是打拳。招式為前所記之口訣，如趴腰抱樹等。

退身時，用喜抱明月之想。

12/3 —— 彼力來，不可化，要承接，承接後發之。承接乃為了發，若僅有化心而無接發，易敗！承接才有勢。

12/4 —— 彼守而不攻，我主動攻擊時，一開始就先用拿而發之之心。發時手接之處全然不動，身不變形，以口訣發之，如石磨倒轉（下盤轉，上盤不轉）、飛燕穿柳、羔羊過澗、白鶴揚翅、蒼鷹落坡、晚空沉雁、趴身搶球、頑猴撥柳、老嫗抱孫（彎下身抱，欲抱未抱）。

主動攻擊時，亦可用抱心，想去抱他，用老嫗抱

孫之意，只作勢想抱為止，非真抱乃假抱，踝胯一旋即抱到。化時承接亦可用旋踝轉胯。

用旋踝轉胯利於攻守，此亦可用於氣之旋轉，用下旋上不旋，旋時上身放而不緊。

彼很柔不易發，但當用轉踝時，彼跌得遠，乃由於其不知。

今天打一套架之意念，在每一動中都以氣旋湧泉發人之想。加上意注檔（則力下沉），並意念在捉對手，不在比拳式。以捉人抱之之意，走拳架意境均應如是。

每一動都是在準備捉人抱之，打拳都要有假想之意境。

以腰蠕動來做伸縮，則較柔順，加以踵頂相連。只是腰椎五節蠕動，全身自隨，則周身鬆柔。

12/5 ── 化來力不但用胯鬆化，更要連到踝，然後腿鬆柔無力，而有真勁。

以意念伸縮腰脊發，自然發於腿。

掤擺擠按假中行，一切動均以作假之心。「**上下相隨人難進**」之意，即上下整體動，即人侵我，我不可局部化，要一動全動，即使微微一點侵我，我無

有不動之處,一動處處相隨,全身一致,此為「上下相隨」。

「內外相合」者為彼挨我,我「上下相隨」之同時,外形變動與內氣旋轉要相配合,方可不失機勢。故打拳不可只在動變姿式,更要有練上下相隨、內外相合之心去變化因應。

12/6 —— 每日做用腰胯扭化來力數百遍,即是已在打拳。並以拔地之力、氣繞湧泉之意求柔化。

如以扭脫上衣之法化彼力,或以意想褲裙脫落、襪子脫落時,而也要有不讓脫落之意,已是扭化腰胯,此可全身一致,而有內外相合,上下相隨。此全是在練意。

力要用而不出,使勁由足貫於臂。

勁一定要起於足。

對緊急反應以用足旋為最靈快,因是直接反應。若用別處先反應則就慢半拍,因最終還是要用足勁。

感覺到應該練踵息,將氣向下練才有跟,方可不浮。拔地之力、承天之氣與地氣相鼓盪,踵不離地,上部氣向下沉,於是「**舒胸下腹氣貫踵,屈膝蹲身臀磨地**」。

事實上，練習推手的來往乃在完成一圓圈而已。彼力來，我不直頂回去，要向另處還回去，此一來一往，乃可成陰陽，而且是一氣連貫，乃是一太極。

12/7 —— 授人搭手，發勁時，教以力不自手出，改由下部胯腰檔處及膝腿等處出，則手柔而勁大。又在落敗時，即改以旋胯，則可反敗為勝將人發出。以旋胯發。

12/8 —— 任何發化均要有「隱身化風」之勁，身方能空鬆。

發以拔鞋跟為最實用，乃是出其不意，攻其無備。

腿太脆弱，練時應有兩腿緊似金石之意，氣似充滿於腿胯。以意在腿踝膝胯，各節靈活，氣由毛孔而出入，毛孔很大。

12/9 —— 發勁，可以說就是挨勁，即發時將手中的勁挨到腰上，或挨到其他部分，即可出其不意，攻其無防備。

打拳身內要圓順、平正、均勻，不可停，故曰

「氣遍身軀不少滯」，此在旋腰時比較明顯，亦是在旋腰中感到的。在旋時以放開不旋之心才順和。

他人用力猝推，我以勁落湧泉，彼即彈出，以勁落腳底應之。

搭手進或化，均要放開腿勁，始有下續之活變。要會放，如讓人制住，以背化為順時，要放開腿勁。化人進迫時也要放開腿不可撐，撐即死，放即活。

12/10 —— 不慎將人摔倒，以後將特別小心。

將來力化之於下身，交與腳，然後再在下邊使用。來力要交下，勿留於上。

檔內要有變化，要注意檔中之變化，以練腿及下盤。

12/12 —— 推手要將來力交與腰胯來處理，故要訓練以腰胯推手，即將來力下沉於腰或地，然後由腰胯化發。

故要訓練研發以腰胯化發，忘掉上身，活潑腰胯。由於平日都是想到用手對應，打拳要將意念均傳到腰胯，結合於腰椎上一點。

用腰專練檔之變化，腰之伸縮，胯之鬆落。

12/13 —— 沒有動，只有「隱身化陣風」，每動即化風，以求輕靈，如動則是凡俗之動。化風先化腰脊，因動時，如先伸縮腰脊則身鬆靈，以使全身動一致。

練時常想遇抗力，則以化陣風變化虛實，或逕自發之。

【動若風，靜似山。輕若雲，柔似水】

動若清風，靜似山岳，柔化似水，發放如風，此打拳之全景。打拳以在原地不動不移之想為正確，所以打拳時，在動中有我不在打拳之意，作姿式不變之想。心中求靜而不動，雖在求靜，但外人看來是在打拳，此乃動中求靜，靜中生動，動靜合一，乃是真動。打拳只是在飄風，立身處之泰然，落落大方，讓肩背及腰與臀全都下沉。

12/14 —— 限制在金字塔之內活動，戒慎恐懼使由踵到塔尖完整靈活乃為根本，使腳與腰腿連成一氣。金字塔是言自己氣勁的一個形狀，上尖下大。

要用腰胯動來練，如是，可使全身之動一致。

初學以塔尖勿為人所制，以塔尖攻擊。塔尖乃內勁之頂尖。

【專研腰之攻發】

1、以腰輸勁於腿，遂使腰動腿即可發。

2、以腰伸縮來發。

3、腰勁旋轉腿發。

　　推手，應知對手從何處攻我，此為知彼；我如何預防，此為知己。故發人要發彼未設防之處，即彼未知我欲攻之處，則其必倒。兵法云：「**攻而必取者，攻其所不守也**」，拳打不知，攻人無備，亦即明處不攻，攻其暗處，故不用手發，而用腰腿，手接處為彼所知之處，攻之必有備，要攻其無備。

12/15 ── 不但要找別人的虛實，要找自己的虛實擊彼。其實，雙方的虛實是一體的，覺得有勁對抗的是實，要以自身虛處擊之。

　　全在保住自己的尾閭中正。

　　用化風化時，以在各種動態中（如趴等）化風，動與化合一。

　　打拳時，意想胯在轉動，乃至踵，乃至連合，乃至與各處配合轉動。

　　頂人時，以腰脊一點頂人之腰脊，上身完全不使人知，只要我一柔身，彼即倒出。想用柔足肩腰均可

發，各有不同的效果。

【推手新境界】

　　不可只化承，要以有與人頂抗之意，讓中不退，但在此頂抗中，以觸而不碰（要有頂感，又有敗意），亦即粘隨之意。此即陰中有陽，陽中有陰，才是太極之功。

　　彼以力迫我，引之至我某處我某點內，就其虛實而發之，對付硬力或柔力者均如是。

　　退步，要在受迫至必須退時才順勢退，粘住彼勁，搶勢搶機，變換虛實。

12/16 ── 真氣貫於足，使似樹根似的深入地內，練即練足為樹根，及腰胯的活潑，身形的柔軟。

　　足生根似的，是基本。

　　轉身時中點十分有效，屢試不爽。如以二點相互反轉則威力大增，只要轉點就有作用，轉其他各處亦生效。

　　轉足威力比轉其他各處大，並可攻其腳跟。

　　想旋而不旋，則旋而不令人知，故要旋而不旋。

　　練拳，就是將氣充於足，生根入地，以湧泉呼

吸。練架，主要在練運氣至足，使似大樹之根，深入地下。

12/17 —— 以受力處一小點旋轉，以化背為順。

雖有抗心，但以不想推手彼卻硬要推之心，則可佔上風，即仍要有退讓之心。

練架要假想動處為人所制壓之處，而不要動，而要以冷（虛）處動以反制之，要不令人知。遇抗力不可用大力相抗，而要以留一點力氣以備持久之用之想。動都在練用虛實發勁。

彼直線來擊我、推我，我如順其來勢之方向引之，則彼必有備而不易得手，此為常態之想；故引時應用冷（虛）處之勁，上提其跟，以在原地不動轉圈發之。

遇大力來襲，一定要將其力引向我身之一邊或一處，以曝露其虛實，愈明愈佳。如此則虛實分明，我可輕扶其虛處，其必跌出。

氣不但要下貫於足，還要有下貫後之變化。高手相遇，勝負僅在此氣之運變順暢圓活，己之氣滯而不活，失敗應口服心服。

如擊其弱處未成而遇阻，則急以敗心趴之，使彼

跌出。如彼採守勢不攻，則我可壓其某邊某處，將其虛實暴露，再以虛實之法擊之（先虛擊，然後趴吸之）。

打拳及推手時心中將勁完全交動轉之核心，不碰彼，不與人知，始厲害。

練十字手、起勢用腰胯發人，很猛！

人用力自正面推來，用向上抱起之法時，用足勁為佳，則彼浮起，我可擊之。

以轉發人時，以旋轉之核心連上足勁較快，這樣是直接之勁，無緩衝空間。

用足勁最快，因係直接之勁，如先用他處再連至足，則已有緩衝空間（氣繞足行，即已用足）。

練拳，每一個動作用手勁來活動腰胯勁，此為合法，即用姿勢活動腰，可練成各種不同發放之勁。

12/18 ── 氣吸入時，意想自身剛強，至大至剛；氣呼出時，全心求至柔，如此進功才大且快速。

發以氣充足，根勁大。接時，兩手根本不想碰彼，只是碰到。得勢後，發放時，心中將尾閭定住不前移，只用胯向前發，其中以手不碰人，才生效驗。

與人接上，吸氣時，氣主要充於足；發時，要用

呼氣。

推手不要一意推人出去，而要明其身之陰陽分布狀況。否則如果一意壓下去，不但為其知，而且是拙力不可取。要以意探其虛實。

12/20 —— 以尾閭不前，胯前進發（是心中的意與勁），則佳。

貫串以靈（即思想），想著周身勁貫串一致順暢。

氣向足貫就是打拳，以心想著全身之氣在周身貫串，氣繞足行。

「**有容乃大**」，不但將來力容入我身內，如將在彼身內之力亦容入我身，則更妙，可容彼足上之力。

以上要以意密切注意身內細微變化，勁起於足，心察秋毫，始可奏效。做好貫串勁。

12/21 —— 發勁之氣集中腰脊而下，勁大，如同化陣清風之想。發時，如只想化風，則柔。如化風時，想著脊骨，則快而猛。

以尾閭尖找彼硬處，彼雖柔仍跳。

有容乃大，想到容納彼身內之力時，彼即無力以

對而倒出。

　　兩人近身相對面立，彼猝然推我，我如腰椎直而未弓（無法變化），則必倒退。如我弓腰椎，則彼必自倒（我可變化）。

12/22 ── 氣蓄好後，發時不要想自身，想自身則滯，要想身外則勁大，或想天地宇宙。如不想自身之筋肉，想自己之骨，尤其脊，則勁亦大，因身柔。

　　發時最好先掀起彼之根，即先加以挫之之力發之，才能使彼惶恐無法自已。發前先挫掀彼才發，挫成後變發乃快如電光火石。

　　「伸（發）也跳，縮（蓄）也跳」，蓄中求發，發中求蓄，伸中有縮，縮中有伸（此主要指伸縮腰胯）。如此，無論用伸或縮彼均跳出。

　　蓄即縮即吸，即作勢跳；發即伸即放，即作跳而未跳之想。

　　練石磨倒轉（下轉上不轉），練轉身發放。

　　學氣似金字塔在檔中變化，變化以旋踝助氣。

　　要留有防人猝擊之柔順空間，以留在檔胯為宜。

12/23 ── 授人以意將軸心點定在身之後發我（不要

在腰椎），則我後跳較遠，此證明不要想自身，要意想身外，則作用更大。

發勁以前腳之勁交與後腿（前弓步時），上身不動即可發出。有時如金雞獨立提腿，有時以前腳似失控（踩空）狀發，亦可出。又身立正後，用坐胯下沉，或似將雙腿上縮似的，用之於發，發時上身全不動，以此練發勁，亦效果大。或以意將足與腿縮到胯上，發時將足腿放下亦可發，輕輕提起、慢慢放下即可，此完全是提與放，不是蹬與力，提至腰椎、胯腿均可。如機勢許可，用石磨倒轉發，則人不知且勁大。此全要在將對手拿妥後才生效。

發勁時只要想到自身輕舒柔綿，勿作他想，即可發得很妙。

12/24 —— 接手，將彼之力接在我身上，不管何處均可，萬不可接在手上、臂上。接勁力不限接在腰或胯，得機處均可，接到就可發。

如感到受壓即已接到彼之硬力，可即發之、抖之、趴之、抱之、石磨轉之，或落胯倒之、化風吹之，輕柔舒綿，彼力多時先柔身粘之，以融化彼身上之力後再發。

推手時脊常上浮，故尾閭尖一直要綿綿旋轉下鑽，上浮乃尾閭上浮之故。

隨意動時能順，認真想架時每有稜角，此乃因走架有形式之想，形式猝變時之轉折就生稜角，故走架要在轉折之點慢慢調整過來，自然綿綿。要練的就是轉折點之調整，即拳經所說的要有「**摺疊轉換**」，轉折之根實質上在尾閭尖，整個打拳過招，實質上都在調整尾閭尖，在原地點先調好再動。

發時，下盤不動如騎馬上，將雙肘送出，甚佳。將腳放大生根入地，則身鬆勁大。

振動時，如以旋肩之意則勁大，發生抖勁。

12/25 —— 練拳練軟綿、縮小、吸蓄、引化，氣向下引至腿、至腳、至地下，此為接引人之勁力。發時不可頂彼勁而發，而要避熱（實處）擊之，氣繞其力峰而進，用石磨倒轉等轉身入侵彼身。或用化風，或用容彼身之勁，只要思想一變就已發。發時，要避化其力峰與力線，容吸其跟勁，陰陽之氣在檔內流轉變化。

以危敗之想生跟勁，再加上貼，就是化中之發。

練時假想自己站立被人推，其猝然快擊，我急以

危敗應之，此用於練架中而即生一快一慢，我急作敗
危時即快，快過後自然慢，連續作就一快一慢，亦即
一動一靜。

大小相間，想著氣大身大乃是大，想著縮為一點
就是小，即開（大）則氣入，合（小）則氣充（充於
周身筋骨皮毛）。

發勁時，專心做好自身功效大，乃因心神不散，
如同時也想發人，則心神散亂，則功效即小。

做大小相間，在軟綿縮小巧（縮骨）之中產生，
否則難有大小。

軟綿縮小、吸蓄引化，不能在肩背，要在襠胯。

12/26 ── 發時，如想到將勁氣留在身內不出外，則
大不同，發得好。

發時不要真發人，要用化彼身中之硬之心。

化時，以旋轉最為靈活，更要轉中有軸。練時，
在各種姿式中調整身體，實行轉圈，轉的是內在氣
勁。

如以平常之運氣化，有時有頂抗力，以轉就不
會。

甚麼是發？化淨頂力，向前貼擊，也就是向前貼

去，化淨頂力，化之不淨，發之不遠。所以發也就是化，發中求化，化中求發。人擊我，我化彼勁，同時可前貼發之。發時遇阻即停，即改為旋而化之發。

　　快慢相間者非形，乃意。即讓內氣一快一慢開合，在軟綿縮小巧中為之，亦即一動一靜、一鬆一緊之謂，全是運作意勁，非動作。

12/28 ── 下按時，必須以全心將彼整體下按始可。如此，倘不提彼，彼亦會自行上彈。用意按，非用俗動。

12/29 ── 化發一體，以化為發，以發為化，化以發化，發以化發。

　　發時，以雙方間之距離與空間保持不變，則快而輕脆。此全是以勁發，非動作。

　　做腰脊與踵之兩點運動，腰為柔身而綿綿伸縮旋扭，力由踵取，即吸地之氣，經踵而上至腰散布全身，猶如燭炬之光照亮全身各處。

　　怎麼旋？怎樣做滾球？此要找定一點為圓心做小圈轉，擴及全身旋動，或找定一根軸來旋，此是就自身氣而言。

12/30 —— 發的時候，不但要無發心，更要連發的動作都不可做，只可做功動，把自己身上的功法做出來發。

作柔時，腰胯之柔勁要下沉於腿，否則腿無勁可用。

人按我掤時，將彼振出，不可作動作，亦無發意，全是由柔勁彈出。

要做好功。做功，乃將腰胯之勁鬆沉下於足腿，彼即彈出，如彼鬆軟，先以意迫其僵，再發，彼即跳出。也可與彼之勁相接，吾以下動上不動發之。

只動腰腿不動手發，以意挪動一下腰腿之意最好，或輕輕挪一下掉落的褲腰帶似的，慢慢做，不要急，膝輕輕一扣，跟在腳上合自己掤手發。

挪腰帶發人時，以腰合上自己掤彼之臂，則臂不動歸靜，稱之謂「挪腰合臂」之法（即等於騎在馬上發人），或挪腰合彼身之焦點，一樣可手不動發。

踵頂相連後挪更為自然，「**挪腰合臂化彼力，褲帶脫落以腰挪**」，以上皆言發放用勁之法

被擊時，以鬆胯坐實接彼勁，彼即彈出。發人時，亦用鬆胯坐實發。

12/31 ── 走架還是要用勁在檔中走，甚至在地足始
有跟，下盤才穩。

人以後仰化我，我以膝輕擊彼小腿，彼即跌出。

踵頂相連後再挪腰帶或縮腰椎，則胯可前進，發
人更烈。

1996/1/1 ── 老虎只有一張口，人的力只有一個方向，方向的側面就無力量。

轉動尾閭、更年期（脊椎第五節）則感全身氣在旋，身內有熱感。旋轉腰椎中一點，想到膝頭、肩峰、肘尖、胯頂，掌根、腳跟、湧泉、勞宮均參與旋轉，玉枕、百會也可轉，練氣勁。

旋踝可使全身各處跟著旋。

上下相隨的確人難侵，如果動上不動下，必為人制。所謂上下相隨乃是動上而想到下，動下而想到上，動腰同時想到上下。

立身只用身體一側，另一側鬆放，則全身鬆。

要從肩向下拍打彼尾閭，彼才會跳。

1/2 ── 用「柔行氣，剛落點」發甚佳，以柔化彼勁，到得機勢時發之，即剛落點，以柔生剛發，則不下於化陣風。

以將彼勁延伸到我腳跟時發。

1/3 ── 只想到自己是風與氣，沒有別的，不想別的，不想身，不想動，不想形，如此足底變化就會全身受影響，而全身均有變化。最好再踵頂相連，加上

昂首變化內勁。

今天教人在挨到後用足跟打，即好像用踝跳一下打，打得很有效，而不用手發，用腳發，「**掌心力由足心起**」。以此類推，則用膝、胯、腰椎均可，但仍要連到彼勁，加上昂首。

因叫彼不要用手，他仍不能不用手，我乃叫他用腳發，一發成功，屢試不爽。如果用膝，只要將膝頭向胯一提縮，勁甚大。用腳打，則用踵提向膝，如此勁可不向上，而可不為人知。

1/4 —— 發勁用足踝發，快而人不知。

用化發，人莫名其妙的出去。

用脊發，勢烈。

氣本在脊中上下走，以一指將彼點住，彼即感受壓力而後退。要研究以一指壓住人，指不動，以內氣轉換，使彼倒出的道理。

凡鬆，要以足放大入地，始全身鬆。要鬆，宜先鬆足，鬆足後，身始鬆，故打拳架全在鬆足入地。

1/5 —— 意沉下盤，乃練拳之本。

1/6 —— 上下互柔，不可只柔上身，要柔到下身，不可只柔一處，柔一處就要擴及全身的柔，否則不算柔。

加強柔（放）腰及胯。

以旋，用肘與膝旋身發，勁烈，人說厲害。

以氣合於腰腹後向下衝發，彈簧勁大。

以氣先分行上下，再合於腰擊出，則其勁可傷人。

1/7 —— 另用氣從毛孔出，發得更好。不能想氣由身內出，要從毛孔出，身方不用力，完全想氣從毛孔出，不可有發意，更要想氣下沉於腳，類同「化風」。

人用臂撥吾身，我以化之方法擊之，則彼不可抗而出，可見攻人仍須用化不會錯。

石磨倒轉如以胯向後抽助之，則易為，同時以弓腰下趴。

1/8 —— 發時勁不可觸及意識點（接觸點），則人不知。使觸處無動靜，即如以踝發，則勁力不超過踝。如以膝發，則勁力不超過膝。總之，不使向上，要壓

在意識點之下，使人不知。

意沉下盤才不浮，即意不離腿之變化、胯之變化。

胯向後抽為勁之源，勁之起點，此與趴相合，與意沉下盤相合。

變身不變形，變脊不變身（全是內動）。

所謂「中定」乃要有一中軸之定勁，此定勁乃攻守之本，其他處無勁。變內不變外，變下不變上。

1/9 ── 除變身不變形外，要有昂首、以指領身之勁。

手上所接的力，用腰胯化掉，不可用手直接化，此在接住時，化手上所接之力，用抽胯之勁（胯向後抽而未動）化為佳。

向前按以腰胯化所接到之力則彼退出，可見攻仍需用化。

人按我臂，只要抽胯亦可接妥，我以踝、膝、胯各點均可發，或以膝勁上下分開發，亦可全部向下發，但身與手不可稍動絲毫。如以腰發，亦可用氣上下分開。

意沉下盤，專注腿之變化，如此不但立身穩固，

且上身柔綿，緣於人之站立本來就是靠兩腿，故穩住立身，就要靠兩腿變化靈快，如果稍有呆滯，人即無法穩立。

1/10 —— 人之立身在於腿，腿之站立在於腳。

以胯變身變、身變形變來打拳（內動產生外動）。

發時不可發，要以上身柔下身發。化時以下身柔上身。

硬力來襲時，我轉動尾閭尖及更年期（脊椎第五節），彼即浮動，稱並無感到來勁，可見此轉動有效。

1/11 —— 用上柔下發之，彼稱跌出時有彈性，很舒服。此後，應朝此方向探索。

以化為攻，攻時用化，彼即敗。如以擊之心，則反敗。因此，攻時要化，化要用容納彼身中之力，即「**有容乃大**」。

想到彼身亦柔，彼亦跌出。

餵人勁，教他用開檔發，則我之檔亦開而跳出，此中頗玄奧。

1/12 —— 腰胯反應要快，一有動靜發生，腰胯就要靈快應付之。進發時，氣從地下由足底上衝，足始穩而不浮。

用氣在胯繞圈，甚佳！可化來力，亦可迫人跌出，而人無可抗拒，而吾身甚柔。

彼柔可將其迫至變硬而發之。

一切動，都是靠氣在胯上繞圈而動，身可很柔。

1/13 —— 腰胯足下盤，反應要快迅。尾閭中正、立身安舒、足勁入地，一切變化均在確保勁注兩足，下地生根。

走架推手，好像全以足應付似的，一舉一動完全為了足之入地生根似的。

彼推我，我以氣由胯彎下轉，彼率皆跌退。

撥至無法再撥時，改用化撥，彼即倒出。故在攻迫不克時，用化再攻。

1/15 —— 人以大力壓來，我接住後，以一胯或二胯向下猝然一落，則彼必失衡，我趁虛擊之。

以胯向後藏發時，可用預備動作即成發，即臀部向後下坐，胯向後抽，形未動，即只是作預備動而已。

以落胯使彼失衡後以踝發，彼身雖柔仍可發出。

用腰胯動步，先以胯腰提起虛腿，再以胯從後向前移，再輕輕放下，此可使以腰動腿進退。此言練走架。

1/16　順勢化來力發。在順化之中，心中以肘、胯、肩、腕等各處之任何一點，向彼力之重心貼去，即為發。但不可頂向其來力方向，即除彼來力方向不可發外，其他各處均可發之，前提在於要順勢化去彼之來力。

在擊發時，己之勁力絕不可經由熱線（即頂處）擊出，且在熱線要觸而不碰，此即所謂「**原路不發**」。

以意用掌粘人易為人知，宜改為雖用手接，而心中以肘粘貼，則人不知。

人雙手推來，我向後提之不得，即用下盤前擊，彼即跌出。又如提之不出，改用攦仍無法克之，彼用力抗，我改向橫按，或以虛腳輕輕向彼後腿一踢（未真的踢出，只是用意念），彼亦跌出。

1/17 ── 接妥彼勁可發時，用臀部轉一下，或抬一

下，或用腳踢一下、膝抬一下發均有效。

盤架用臀部以意在地上磨轉，尾胯自正。

與人推手以單腿站，打拳要練單腿推手。

人挨我，我以手、肩等勁，經由身內去轉動自身腰胯（全是意），腰胯好像是汽車駕駛盤，此在化人來勢欲使腰胯反應靈快時為之。

此為求腰胯反應快，化人時用之即輕靈得多，如以用腰自轉，則較呆滯。

1/19 —— 發勁用噴射式，意在哪裡就在那裡向下噴。不一定要在某處，只要噴點以上保持靜止不動即可。

欲發即止，欲動即止。

臀部活動要大而靈，為全身動靜之動源，而非腰，但尾閭要保持中正。

勁到不了小腿乃因膝未放開。

發勁要想使接點與兩臂無力，用兩脅鬆放，或以吊褲帶方法，以使腰腹氣足，發時較有力並有彈性。發時不是用力，而是全身放力、大柔。

【發勁方法】

化風、皮毛發、氣在腰腹或某關節下噴、提腿、

踢腿,只要有勢均可發。提褲腰帶、以上柔下、上停下發、以肩抖腰、一腿失力、抬膝、分腳、石磨倒轉、拔鞋跟,各種動作均可發,每發均要全身鬆柔。

完全是腰胯下盤的事,上盤不要管,用走路方式即可。

1/20 —— 發勁時以兩脇鬆放,則肩、手自鬆柔,為不用手佳法。

人力推我身,用下盤兩胯左右以化進,甚有攻守之效。人雖兩手推來,總有空隙可鑽以正我身,即以正身為本,鑽隙為用。即我中正立身,彼勁來破壞,我改位求正,同時尋隙鑽進。

彼壓我左或右,我不以手還敬,改以胯還擊,不以手來手往,則效力大增。彼兩手壓來,我以胯移位正身,鑽隙反迫。

1/21 —— 每一動必周身大柔大放而綿長,變化成萬般柔,此為彈力之源。

還是要有作奔跑、走路之想,兩臂要刻意使之不動,因推手時,手不可自己動。兩臂不但不自動,還要刻意使之不動,用走路或跑步之想及兩肘刻意不動

（以各種假想不使動），此甚根本而重要。走架就是走這個，上不可使人知，下盤旋而進，上不動，下暗中在動，此推手之要訣，上只與人保持粘貼之意。

1/22 —— 沒有動，只有走與跑，只有用腳、腿、胯、腰來處理外感，要極靈、極快、極柔。

發時恐兩手及臂有力，以鬆沉兩脇為佳，若以假想抱住自己肚子則亦一樣。

遇來力不接實，接其虛處，此實甚有道理，攻人時亦不接其實，接其虛，此可不為人知。用胯連臂勁接，方為合法。

1/25 —— 想到用手臂帶動腿力則手上輕，用此彼不知如何反應，如只想到用手，則手有動靜為人所知，即手臂本身不出力，使用腿之力。再者，如以我有很大力，但不用出來，亦手輕而不為人知，即為動之前以意先作準備之想，如此之動乃打拳之真動。動中似在作勢大動劇動之勢，不可真動。如此，彼因不知我力，而不知如何反應。

1/26 —— 走架運氣在招式將變前，先行變運氣之方

向，而以運氣領導走架打拳。動時都要作準備動之想，不要真動，才是真動。

人退步我跟步時，以上臂引導胯進迫，如以進腿之想則較慢，步跟上後即以趴抱發之。

1/27 —— 發勁不可著力於胸，以便不會妨害心。

1/28 —— 要練人力挨到我身即發之，人如一塊板，以力靠到我身，我擊之，板必飄出。

氣要下貫，兩脇一鬆即可，氣不可向上，要壓制在下盤。

如要用手推人擊人，人若也以手反制，雙方即成鬥牛，故不可以手攻擊。攻擊時應先化人之擊，化中順勢擊出。擊時不可有擊人之想，而要以摸人、扶人之勢為佳。另外如要發人時，只要人以力挨我或我拿到彼力，即以擊發之法發之可也。

1/29 —— 以呼吸運氣為先，後有動，打拳是氣的流動，不是身動，假想以氣與人相迎，不是以凡想而動。

伸臂擊人時，假想以臂送腿與足經臂而出，我雖

有大力，但不將力用出，則是周身勁。

招式之變化，乃是在指示運氣之方向及變化。

兩肩動乃因背未鬆，身有未放開處。

用關節發，每覺思想不純熟，可以用跳之法發，即用踝，用踝跳一下；用膝，用膝跳一下；用胯，用胯跳一下；用腰，用腰跳一下，如此較簡單易行。

尾閭不前，以胯前發（這是發動胯腿內勁，非身真動），一切發都要得機順勢才行。

任何發身內都要有一進一不進，才有跟，即是在發動內勁。

1/30 —— 今日發人用手提腿發，只要想得對（即心中無發意），愈想對愈好，則能發人極輕。如想著用手呼喚腿腳踵臀來打，手自身不動，只呼喚，以手離身遠如單鞭、拗步、按手等都可用之，皆是發動內勁。用手呼喚比較好，用臂手會動，易為人知。

手接不利時，用肘打其冷處。手接肘發，此仍乃發動腿勁，對方硬始可。

發勁用手、身接到彼力，接處把它接好，可另以脊提腳腿合上彼力而發。

發力擊人時用上下氣合會於臍，再向下噴射，上

層氣壓住不使向上。或以天地氣相會於臍，然後再下噴。

1/31 —— 今授人「背勢轉順行」，練習背轉順發，背化順實為推手之根本，能背化順一切均解決，背轉順要用尾閭尖轉。

　　莫被招形來束縛，着着原是變身勢。
　　足旋腰扭背化順，斜正硬軟顯變隱。
　　落落大方馬上坐，手持刀鎗敵來擒。
　　動中不動在於心，以臂使腿力乃真。

　　一要斜變正，二要硬變柔，三要顯變隱，四要浮變坐。
　　發勁亦可用接處（如手、臂等）發，用求柔即可，佳。

2/1 —— 彼力推來，好像壓個石頭在我身上一樣，把它向下丟落滑下，則就有化有打、又化又打，丟時係用身勢丟。又人以手攻我，或我以手按彼身，可用肘擊發將人擊出。我在被迫危急時，亦可以肘發彼，發時自可化開彼力。

2/2 —— 正規盤架，在上盤腋下肘與脇間保持固定空間，兩肘不動，舒鬆兩肩，柔軟兩臂，胯以上不前不退、不旋不抱、不上不下、不動不變、不作不為，完全守靜，全體空靈。下盤臀部磨地，兩足吸進地力，兩腿柔綿拖地，處處作圓而變動，卸盡周身骨肉，骨節轉動。

發以拔鞋跟（用意勁，非用形）最簡單，易行且有效。

按人時以氣向自己腿足下吐，不是向人身上吐，而是反打自己的腿。

2/3 —— 發勁不是用氣向人衝去，而是用足心把腰腹之氣吸下去，或把彼之力吸下去，用吊襠沉腰助足吸氣，如用氣從衝脈衝下去亦很好。（衝脈是中醫的名稱，如任脈、帶脈等）

如腰腹無氣時亦可發，用喘氣式，用足吸氣向下發，較用前衝為佳，不管用向下吸，或向下衝，都不可使氣向上，此要注意。

用足吸脊中之氣向下，勁更大，吸向下比向下衝好。

打拳者完全不自動實很難，但要做到一點都不自

動才行，肩背落落大方，此要想到肩臀為身上長方形之上下邊，上邊不可稍動，完全交給下邊變，此時完全是脊之伸縮，氣在脊內上下，踵頂相連，以昂首配合，以提檔沉腰吸氣入腹，放開時吐氣，以脊氣之伸縮運動全身，全身各處都已無，只有脊一條而已。

根本沒有所謂動才是，提時放時都以足腿力配合，即所謂「**氣貼背，斂入脊骨**」，呼吸在脊。

打拳以在原點作勢準備大動，可改變許多俗動。所謂不可動，是指一般的俗動，俗動並無太極拳，太極拳是功動。

2/4 ──「隱身」實是大柔之佳法，打拳要用「**隱身化風**」之意，以運氣來領身內氣流轉不息，然後將動作化為呼吸，以呼吸取代動作，以心行氣，以氣運身。

打坐入靜要知止，止於至善。腦中雖雜亂，但要視而勿見，聽而勿聞，覺而勿知，思而勿慮，止而勿變，以臻至善之境。

與其所謂上不動，不如假想兩腿在堅韌之泥中無法動彈，動時用提放，就不會亂。

提，乃用腰提檔，為吸、為合、為蓄；放，乃用

腰將襠放下，為呼、為開、為發。上乘之境，提放均可發。

粘人時，若人身上滑溜，則我輕搭，人前迫，我用上提襠胯後化，人後退，我用下按彼身。

推手均用化隱藏意，此為基本思想，兩臂放發時，用抱肚意手可不動，並以接處柔身。

發出時要有不想發之意與化意，想發即止。發時，若因姿勢之故無法提放，可用關節跳或拔鞋跟來發。發時加不想發之意，效果更佳。

2/5 ── 發時不能靠手，要以兩臀連腿勁，乃至連踵一起震，才勁大。故練架時要練伸轉收縮腿內之筋，以增腿勁。

若要產生震之彈力，腿中元氣必蓄足。

思想不離腿之伸轉收縮，攻或發時，一定是用化，不過心中仍有前貼彼之意。攻則以尾閭尖指揮胯摸人之想，不是用俗想中之動與發。遇彼之硬力，則發放。轉擊他處，出其不意。因可擊處，已為彼知，其已有備，故轉身擊其另一背處，始可發之。

彼壓我後腿，我用前腿擊之；彼壓我前腿，我用後腿擊之。此為聲東擊虛，如用實（受壓）腿發，則

用拔，拔鞋、拔襪、拔胯，處處可拔，發時不忘雙手抱肚，以使手不亂動。

向前探彼時以胯去探，我雙手在彼身觸而不碰，一遇彼有力，速換胯再探其空無處，要靈而有根，探時不用力，只用意。若彼空而無物則為高手，我宜凝神引之、制之，使彼力出，顯露形態，方好擊之。反言之，我應處處令其落空，有時以勁迎之，使之感我有力，我明示其力，實虛空在後，靈敏有加，令彼擊發而落空，我以彼微動已先動應之，即時變換虛實，實處放，虛處擊，換腿擊之即可，我雖剛猶柔不懼彼擊，彼擊來時我剛消柔生。

2/6 —— 發勁時用兩胯上抬擊彼身，副以雙手抱肚意。

刻刻注意到己身可被攻發之處何在，練架即是練推手，否則目的何在？

兩腿拔不出，只有氣在腿中流轉，拔不出要忽而這裡、忽而那裡，非固定在腿之某處。

2/7 —— 不是動，打拳是綿綿的放，不讓力出，將力留在身內，漸漸就只有氣行沒有拳架。不但外形變，

更在內裡變，氣行走靈活，氣繞足行，氣由足起，兩腿向酸裡走，使腿酸。

「筋骨要鬆，皮毛要攻」，此語甚實用，即是丟棄筋骨，取用皮毛，如人重擊我，我要以鬆化迎之。如筋骨無法全鬆，只有丟棄筋骨交與皮毛，身自柔。下二句「節節貫串，虛靈在中」，實為打手要訣。

2/8 —— 兩人相頂，彼一前迫，我即鬆落，使彼落空，隨即以下擊之，或在相頂時即可行之，或在相頂時我猝然前迫，隨即鬆落，使彼落空，由下擊之。鬆落時用落胯最有效。

2/9 —— 授人如彼壓我，我以背部下沉，蹲身下坐，用心想由彼檔中鑽過去，發擊之。

氣以意壓在腰腹之下轉動，其根在腳，貫通在腳。

心中作勢要大動大變，不真動，全在行氣。

2/10 —— 不要亂動，在欲要出力動時，即以意把身內之東西拿出來動。例如動骨柔骨，就不亂動。

立身受壓迫時，即將勁交給膝彎，使勁全沉小腿，不可上下連成一氣，要能上空下實。

2/11 —— 與人推手，用意制人為攻，此時全心在拿彼之中心，全用精神，氣隨意行，不用身手。故拳經有**「全身意在精神不在氣，在氣則滯」**之言，如心想到運氣，則意念分散，意念要集中拿彼之勁，不可少滯。

有人推來壓我，我用腰斷之想，則人勁落空，我既化去彼勁，又可蓄勁，發時用開檔，或以後腿向地扣，或以後胯向後拉。斷時要將身上下分成兩部分，發時只能腿動，身各處不可稍動方有效。

發時應用胯及不想發之想發之，如彼被發以腰一軟向後退一步化，此不可一發即止，要迅即以長勁前迫，以前膝前衝迫之。

2/12 —— 打拳用斷、扣，腿即甚酸，其實要如此使腿酸，以練腿勁，此為打拳之根本。

2/13 —— 由肉體產生精神，以精神影響肉體，發最大之精神力量在於信心。

走架以綿綿扭腰，以腰胯襠之配合一致，並要求做到身穩及中正安舒。

2/14 ── 練架時練以胯走路，使作用全在腰腿，不在手勢，但要將腰胯與手勢結合，手抱著肚之意，「走路走出架勢來」。

以斷腰鬆身，要腰斷、身鬆、胯崩，人勁發我、推我，我以此化之，此為應人猝發之勁；若彼以慢慢前迫，我以虛實應之。

斷腰乃意想。斷腰必須將身分為上下二部分，方可有效。一分為二部，就可肩脫、胯崩，要踵頂相連。

斷以趴來斷，一趴即斷，要動就趴，一趴就斷。

2/16 ── 一般心理上總認為發勁之勁一定要經身由手（接處）而及於彼身才是有效之發。事實上不是這樣，發出之勁不可經手而出，而由發處直接達於彼身，如經手就壞事了。例如用腿前側發，力由腿前側直向彼之實腳足跟擊去，即向其重心所繫處擊去，內勁不要經過身，由手發出為要。

2/17 —— 不要想到動外形，要動內部，即內形，如變化放長等，尾閭與胯配合動，形未走，先變內，使內部很柔很柔方為合法，不是很堅硬。身形未變，意先柔變，變可用氣走周身。

2/18 —— 提時用將人抱起來之意效果大，用抱就可以（用吸地氣浮彼後，再抱之）。抱後隨即用腿面擊之。抱非一般性的抱，只是心中作勢抱而已，以使出內勁。

2/19 —— 人推擊我，我除用斷腰、崩胯、氣下沉於被推之處之下，更要分行兩脇，下盤方有根。

　　發勁時用腿面，或用踵勁貼地面向前抬，不要向上拉（假想踢足球似的），足未離地。

2/21 —— 有人受發因一驚而變硬，即跳出；有人因鍛鍊有素，受猝發時即鬆柔，即不易被發出，但根總較不穩，此時急速以趴抱或腿面擊發，如彼未及調整即被發出。

　　有功力者較不易發，此時要用引，引東擊西，引上打下，打左右，打前後，因勢而用。有力無功者來

力只要接住就可發，有功力則會柔化，反應極快，要拿死後擊發，如不易拿住，先予一虛發，即時跟上趴抱（作勢趴抱，欲抱不抱），自保中正。

氣先運（走脊尾）後再動，即動時先運氣，打拳全在運氣使功勁充足。

2/22 ——

　　頭頂千斤石，神氣歸我身。

　　舒翅賽柳絮，晚雁向山坡。

　　一心碧水沉，兩臂自浮昇。

　　遠眺山間霧，喜抱童子歸。

　　人言連攻人之意都不可有，有則血氣賁張，一點都不錯，故打拳是不動不移，不為不作，不變不緊，不站不立，不攻不抗，無招無式，無形無象。如此則如何打拳？此是言不可用一般性的動，動必僵。太極拳要用趴、扭、伸、縮……等功法來動。

2/23 —— 要動時一般總要先肩著力，這樣不可以，想到肩動時即變用胯，否則身不鬆，要與踵一氣，以胯動踵，向下動不可向上動，向反向動，不可順向，故

要「以臂使胯」，胯要有打擊得很遠之意，站著不動時就要「不站不立」之意，身自鬆沉。太極拳要知怎麼動，功在怎麼動，不在怎麼樣的形。

胯不要自己打出去，用手臂打出去，「以臂使胯」，意勁由臂經由身內下至胯擊出，臂本身絲毫不動，整套拳架均可這樣運。

太極拳如用制人之想，則血氣賁張。要在動作中求不為不動，乃全是求定之功夫，乃是「動中求定」。

太極拳者，動中求定之技藝也，定者定於一中，無所為也。中者，正而不偏之中軸（中心）也。求不為是求不做一般性之動，而要求功動。功動是後天學習的技藝，才是太極拳的核心本體，所以拳論言一般性的快與力云：「是皆先天自然之能，非關學力而有也。」

學太極拳而久學難成，即是以一般性的動作而行，而未知功動，值得認真思考。筆記所記，全是在求功動。

【推手心要】

動不離球	氣走骨中
球不離地	圓順柔綿
呼吸鼓盪	命意在神
氣遍身軀	鼓盪在心
退中求進	進中求退
拔地之力	承天之氣
呼吸在脊	氣貫根梢
動若游龍	氣若雲湧
圓珠滾滾	玉環纏繞
開則氣入	合則氣充
神迅似電	心察秋毫
意連天地	靈為主導

【第五冊結束】1995年11月17日~1996年2月23日筆記

2/24 —— 練架是練不讓彼得逞，不但不使得逞，更要順勢反制之。

　　蠕動一側身乃柔，要承接，不可亂化。

2/25 ——

1、用意力，意力要輕微，以意力牽住一念打拳。
　　在與勁敵相粘時也用意力，故練意不練力，練活不練力。平常打拳要練意力，提起意與神，功力進步神速。

2、落胯之用要熟練，人力頂來，我以鬆落後發之，此為應對大力來時之一法。鬆落如用落胯則效佳，彼或向左或右跌出，故不懼彼力大。我曰：「一遇來力，以柔相應。續遇來力，吸蓄容藏。再遇來力，使之飛揚」，乃不使得逞，讓彼失落後隨即發之。彼愈力大，相頂愈烈，愈可用，愈生效。

3、大力步步緊迫前來，不讓換勁，此時可大退一步，使彼落空，或快步比彼更快後退，使彼落空，我側身由側面攻之，或順勢下按。

1、與用大力者試，在相頂成熟時，以斷發。以斷使
　彼失控後發之，每試每成，均能發出，應付大力
　者應如是。斷是我自身產生斷裂處，全是心中的
　意。

2、發勁全在自己身內之事，不要波及彼身，勁不出
　身。鬆化不可亂化，要用承接，不離承接，即隨
　時掌握主控先機，保持化發機勢隱含在內。
　化到仍可以化之狀況，自然也可發，既可化自可
　發，完全得機得勢，以逸待勞。

2/27 ——

1、化要用承接，不可只化，要在化中求順人之勢，
　將彼擊出。化中有順擊之想，化中寓擊。

2、如推人不出，有力相頂時，即改用摸之之想，手
　臂不能稍柔屈。如彼柔化，隨即作第二次摸，直
　至彼跌出。摸用腰胯之勁，非用手。

3、頂時以柔化發之，試人亦有效。

4、總之人來力由手臂（接處）入，要另由身之他處
　（胯、腰）出才對，不可由入處返還（頂）。

2/28 ——

1、彼按來或向前推迫我，我以翻身撇身捶向上提
 之，但當心人靠我。

2、要入竅（心注入關竅），不入竅何能守竅？入竅
 就是要守竅，此以記憶力為基礎，然後作思考力、
 定力、意力、組合力等等訓練。

3、動胯是對的，動胯始可全身一致動。
 心雖求不動（指一般之俗動），但要用挪、翻、
 鑽、趴等來動，此可練腰胯，以此來呼吸。

2/29 ——

1、氣繞過足就是拳。

2、以意想天地來呼吸，氣震動甚劇，以此練氣極佳。

3、以肘或膝頭擊發，其效甚佳。膝可用扣、跪均
 可，見機而行。肘亦要活用。

4、練「以臂使腿」，用臂把腿力提起來，從足底一
 路上提，發揮全體之內勁。

3/1 ——

1、動還是要用趴，不趴都不對。

2、氣由皮毛吸入，集於腰椎中一點，呼時充於四肢，此練一開一合。似球在水面壓下浮起狀，此為掤勁，人一觸而彈出，一浮一沉，一收一放，即已是太極拳。

3/2 ——

1、與人初接手，不可用攻心，用攻即跟浮，要承接走化，使彼自行失落。如彼以硬力進來，則即發之，化發一體，以化為發。

2、挪能柔身。不管怎麼動均先挪，用挪脊自鬆，身自柔，人力加來，一挪胯身自柔化。

3/3 ——

1、要求挪中妙，挪是腰胯勁。

2、內氣游走，身似游龍滑得抓不到，在身內游蠕，貼骨而行。勁起於腳或歸向腳，視開合而定。

3、在挪中要使內勁游走滑走，不讓拿住。

4、打拳決不是在所謂動，即凡動，而是內勁在身內滑動、轉化，依骨滑動，骨中行走，以挪為行氣動力，因如一用凡動，身即僵，體即亂，不能周身一體就無成功之望。不是在練力之強、力之

堅，而是練力之放，力之不出，前人曰：「筋骨要鬆，皮毛要攻」，此語甚切當。但亦可以言「**力要放，胯要挪，勁要游，皮毛要鬆**」，使人拿不住。

5、�，攦人時，彼如有阻力（即彼可著力相抗時），我宜即－

(1) 放開我自身抗力處，改用小腿之力，彼即出。

(2) 速改轉動之方向，使之倒，遇阻力改向，乃虛實之運用。

3/4 ──

1、被人拿發乃因氣在上，鼓於上身，故氣不可在上身鼓，不能高過胯。運時應將氣壓至胯之下與足迴轉，則腰與身極柔，使彼無制我之機會。

2、打拳要不動上身，要將以尾閭尖為中心之胯檔迴轉空間大而活，檔中求圓，儘量放大，不可夾得小小的。

3、要倒時要順勢倒去，不可相抗不倒，如相抗則中其意，要順勢倒去，由小腿穩住重心，則彼無法推倒我。化時以胯氣與足氣迴轉，胯以上不可有氣（以足檔提吸，腰以上節節斷）。

4、身體完全不能以動為動（不可凡動），故心中要功動才無凡動，即心中要有挪、趴、抱、承、容、錯等等以代替凡動，不可亂動。心中一有功動，就無凡動，如無功動，則凡動生，凡動非太極拳。

3/5 —— 人制我，我在化之中找彼之空處鑽貼，不可只走化。

3/6 —— 腰胯要活，不是腰胯自己動，要由足助動，全身才鬆柔。例如只動足，與上意氣相連，勁由足起，以足活動腰，甚至上身各處，則身柔。

　　動不是變外形，而是變身內之勁，一致一體，對來勁要柔變相應，變身內骨節就可以，節節都斷。

3/7 ——

1、既在被封死時可以轉踝反順，那麼在粘貼對手時亦應可以應用，彼一硬更可以轉踝發放。

2、全身柔變時，以踵頂相連，通過脊腿成一線即靈活。

3/8 ——

1、以胯踝轉進有用有效驗，宜注意採用。

2、不能頂，逢頂即發，彼硬用直打，彼若仍柔，以接處手鬆柔用下面打。

3、被迫緊時不可硬頂，用退步，橫退效果較好，但要順勢而為，捨己從人，使用步法。

4、柔行氣，即以柔求變，要柔一定要在動中做準備動之想才能柔，否則會硬，隨時都應如此。即將動未動，似鬆非鬆之狀，意動身未動。

假作、準備動、意動身不動、以柔生變、將動未動、在身內動等，都言異而實同，都是求不做凡動，以啟動內勁。

停看聽，作動之準備，作假、作勢，意動身不動、將動未動、欲變（身內）未變、欲旋（身內）未旋、欲伸未伸、欲縮未縮（均在用意），都是棄凡動，以求內勁，才是太極拳之動。

化之改進，彼制我，我以旋踝轉胯反背為順，發人時亦用此法，用我虛、空處擊。

3/9 —— 推手之思想，要一接手就要轉背為順，形成發放之勢，隨時可發，又不令人知，以旋踝扭胯轉

順。彼愈進迫，引之到我蓄勢上愈順，隨時可拿而發之。

3/10 ———

1、用手就長就慢，用胯才又短又快。用手就鬥力，用胯是技術，所謂勁太長、太慢，乃因用手。

2、制人時（如以手或臂制彼）不可一味直制，此為有陽無陰，有剛無柔。制時要「制而不制」，即以腰腿內勁制，不丟不頂，粘而制之，隨彼而化，此為剛柔相濟，內有太極。與人推手相粘時即要保持「制而不制」之心，腰轉足旋，搶佔先機。

3、頂時以斷、落、柔化就發。硬力來擊，「化中求發」。

4、挪也要挪胯彎，變坐骨，胸涵，挪外側，肩要鬆。

3/11 ———

1、心制身不制，即力用而不出，想制未真制，粘住不放，認真看管，腰轉足旋，緊緊粘連貼隨。

2、提胯吊襠吸地氣，每動先吸身始穩。
腰轉足旋鑽彼隙，縮襠提足變身形。

心制彼身不用身，粘連貼隨莫放鬆。

氣繞尾尖活內勁，有力不出是真力。

3、以運氣實踐沾連粘隨。太極拳之根本為練沾粘勁，以足為根，內勁伸縮變化。

3/13 ——

1、勁起於足跟，要動時如心中以踵用力則勁由踵起，此不致身有僵勁。

2、彼攻我化，用臀部底作即刻反應為最佳最活，想到用坐骨兩手就鬆，以左右坐骨來對應。

3/14 —— 人常頂，在頂緊時教以將頂力全部放鬆發，結果發出很漂亮。發放時注意上身不為人知，自胯向下放鬆就可，將自身頂力快速退到腳就可發出。

3/15 ——

1、打拳練架就是以腰胯吸地氣，檔自圓。　　．

2、推手時，承接實在必須，不能用慣常思想去應對，承接時好像彼將重物交給我搬運似的，發時用放氣，不是進。

3、擠時不要用手，用肘來推，結果靈甚多，完全不

同，與用坐骨推同樣情形。

4、由斷腰想到周身骨節節節斷（心中意想），這樣更能全身鬆開，攻守均應如此。承接時可用斷，不是抗，而要接。

進攻時也要承接彼力，接到就可發，不是用手制。攻時向前進迫，彼如頂來正好接上。

彼如迫來，來勢很低，我以伏勁在腳底待之，適時發放之。如要勁長，可以腿吸地氣，以柔相應，節節斷落。

5、有時想要用轉肘臂發人，此不會有效果，要改以轉胯彎處，發才合法，且既快且烈，承接到後即以此發，加上以適當處吸地氣，以增身內氣勁。發時一律用吸地氣即可。

3/16 ——

1、彼推來，我以吸地氣彼浮起，以旋胯彎順勢吸，彼滑走。

2、動坐骨最靈快。

3、彼進迫時不是用推抗，要在扶摸中承接彼力，承接到以後用吸地氣發，用肘摸才輕靈（手在扶，意在肘），以坐骨承，請其坐，承接至我的勢上

來，以吸地氣浮之（即發）。

推手不是將力加到彼身上去，而是將彼力承接到我勢上來。發時不是將力衝向彼身，而是將本身力向足退去（其他不動手之動均為發，現在用吸地氣）。

3/18 ——

1、動胯以肩、肘推動，猶如轉駕駛盤似的，必須心想作騎馬勢身始柔。

2、每於手上很好用手打時不可用手發，猝改變由腰腿放，彼均被發出，且易跌倒。大力推來找彼虛處擊，彼跌出。

3、忘了腰胯，以身後退，退距大，然後以後小腿為根，全身均柔。意念由腰胯轉到了小腿。

4、以肩挪胯全身才一致，至要是求柔。挪臀之後側，可以單肩挪，挪中接地氣。

3/19 ——

1、推時忙著的地方（熱）不用，用空閒的地方（冷）因應。

2、攻人時要找彼之空隙，在頂到時摸彼身內黑（空）

洞，彼即跌出。

3、大力推來，我應專注彼之熱冷，弄清彼虛實，以我之暗擊彼虛處，摸彼之黑洞，以我之冷閒處合彼之冷閒處，使之動搖而放發之。

4、接人來勁要用足或身，不可用手，用手易為人制。亦可用手臂勁接住來勁，熱處在臂，發時檔吸地氣，臂勁即下沉，彼必被發出。

3/20 ——

1、今天練拳，全在轉圈。先在胯彎、膝彎、足踝、臀底各部轉圈，漸至肩背、全身各處，沒有招，只有轉圈，一點招式意念都不可有，一有即硬。

2、吸地氣、摸黑洞、用閒處、兩脇垂線、坐骨應付、旋下三節（胯、膝、踝），只退無進（吸容引蓄），伸縮沾粘（內旋，不同招不同旋），肩領胯，旋時在各節成圓圈，愈圓愈好，全身自然隨圈運轉。

3/21 —— 氣在膝轉圓球，與人試甚佳，氣要貫進膝轉更有實感，要在球內不能外出。

3/22 ——

1、兩人接手忙閒即分，陰陽分明，黑洞乃生，我即可運用。彼進迫前來，我有退無進，彼如懼而後撤，急速以胯送之。彼如前衝，挪胯吸地氣迎彼擊力，拋之發之。

2、招式並非用以擊人，主要是在內練周身沾粘，一有擊人之想筋脈即賁張，還何能談鬆柔！

3、接到後如向前發放，勁就在一發時即用完，故不可。應用接，以承接之心，發時要以胯向彼身承接過去，勁用不完，或用吸地氣發。

3/23 ——

1、彼力壓來推來，以交與胯來應對，胯活變應付，胯以上全落於胯不可有勁，胯能活變即成功，胯如不能變即頂。

2、化風乃應付硬力之佳法，反應要快，慢則成頂。

3、力由背下，彼力頂來，我將力交背下運效果好，彼均跌出，且還輕鬆。

4、膝頭轉球有效，彼滑走。

5、傳統以臂相粘，不如用胯相應。

1、 將上身勁以意壓於胯襠之下，每動必如是，要練
這個，就是將勁氣運於胯襠之下，並旋轉，腰要
斷，使上下身分成兩部分，不可將勁留在上身應
付對手。此即運動時將勁氣運於胯之下，氣從腳
底迴旋，吸地氣。

人以力在我胸前壓來，我涵胸將氣貼於背，向下
至腳底吸住。

2、 動時頂不要先動，要先動襠，在襠中順勢走圓，
兩腳之勁因勢而換，氣行兩腿之內側，來回運轉。

3、 踵頂相連，上下有條線，不可無之，身才柔。

4、 胯被鎖死，就是胯已無生地，已無法變動，急速
換胯或鬆開，就可解除。

5、 胯骨一提一落就發出。

3/26 —— 推手與練架全是在做發的態勢，要認真，不
可只有化的思想，此觀念要改變，只化無發太弱了。
摟膝拗步前進時就要用胯發，不可只進就完了。

1、不做打人之想,兩手自然就可不動,只做挪腰扭胯檔之想,足踝在用力支撐時要鬆開才可穩,不可用力。

2、每一動與化均找發,在招形變化中變化吸地氣之形態,每動都在求檔胯踵吸地氣準備發。

3、與人推,彼靈敏,找彼缺陷,彼即化變不易找,此要用引勁,製造實處、明處、熱處、忙處,以曝其虛空處,使雙方虛實分明,我乃可下手發放,以假勢虛招引出其注意力,吾乘虛擊發,無有不中,如引高打低、引直打橫、引左打右等等。

3/28 ——

1、發人時,勁在腿內向胯根一縮即發出,用前腿時亦用腿勁,向胯根收縮,以代替前衝。

2、彼如柔退用緊貼之,硬即縮腿發。

3/29 —— 小舟行(似在小舟),戰戰兢兢,隨式隨勢發放,接到就發,渾身各處,處處能發,不管他的手,只問他的力,注意力不可僅限於化中,要用心找發。

小舟立，戰兢兢。（似立於小舟）

浪顛顛，舟幌晃。

站立難，舉步艱。

踵頂連，穩我身。

發時儘量保持原形不變，以做準備、作假之心發放為佳。接頂之處猶如以手將彼拿好，然後用閒處發，發時真發為劣，準備假發為佳，方可輕柔。

用身一側亦可發，引至左側以右側發，引至右側用左側發，無有不中。

與人相對，不可全體一致受力，此為雙重，虛實不分，更不用談應用虛實。故相接時己身勁一定要分虛實，方可應用。

3/30 ——

1、打空不打實，攻空不攻實。此是用實處打。如用虛處，亦可打彼實。

2、手本身不發，是用發出身內之力（即是勁）發。不是擊人，如果是擊人就錯了。

3、用前腿發時，用趴並縮腰脊，腿始有力。用臀有開臀縮臀，脊亦是。

4、發擊時，每種用勁均可由縮脊縮臀之力，如用前腿前發每不易得力，用縮脊縮臀則易為。其他如化風、吸地氣、作假、作準備、皮毛攻、趴抱、縮腿、運氣下胯等，均不離縮脊縮臀。

5、如己已被迫上浮成為背勢時，可以縮腰縮臀解之，用趴抱化擊之。有時輔以順勢退步，以求佔順勢趴抱。

有時如被迫壓成全身幾全為熱勢，無閒處時，已無發機，此時宜引之至一側完成我身之虛實，以形成我之發勢。如若未能如願，以轉腳或退步以求趴抱。

3/31 ——

1、先是蠕，運氣即蠕，即感勁似抽絲，從地由檔腿上抽，後感身內他處亦有抽絲狀，此即氣之運行也，因神經血脈細如絲，故有此感。故沒有動，只有運勁。

2、【進三功】

（1）只退無進，察實明虛，相連不離（思想）。

（2）坐地碾磨，檔中圓變，中正為先（練體）。

（3）左右上下，避熱就冷，棄忙用閒（練用）。

3、【發】

用在關節內轉圓圈，發很好用，各節都可。轉向彼中心處之一點，心中像水一樣的柔才好。其他還有拔腿、隱身化風、皮毛攻、縮臀脊、氣沉胯下、趴扶（抱、貼、摸），身側亦可發，抱（提），腿面、膝頭抬，手上有時改由胯發……等等。

4/1 ——

1、發時以力求保持以原形不變之力為力而發，配以尾閭尖不移。

2、與人矮身相推，有硬力時，我用皮毛攻發彼即跳出，故矮身時可用之，其與化風勁相當，其實用縮臀、脊亦可發。

3、相粘時要找出自己閒處（即虛處）應用之。

4、兩胯交替擊發，前擊為假，後擊為真，均用作假為佳，或均為準備亦佳，這樣可產生內勁。

5、相頂時胯一定僵死，故只能用一胯受力，兩胯互換，才能進行。

1、昨授人只用一胯，受壓時換交另胯，因與人撐頂時胯一定有力，換言之，彼一定注力我之實胯，我如換胯，必化去彼力，彼必失衡，故力量一定要用在一側，不可不注意。

2、與人推手上身無氣，氣全在腿足與人周旋，氣愈下愈密，足為跟，氣在腿靈活轉變（挪褲腰襪衣等等），拔鞋、吸地氣，故要用心打通腿中之氣。

3、鑽摸黑洞要注意，否則推手為盲目推，不盲目就要弄清明暗、忙閒。（黑洞即虛空處）

4、隱身化風在微感彼硬時即可用，皮毛攻在接到力時用之，吸地氣均可用，並可用以輔助以上之二勁。

5、發不是加力於人，用胯腿踵等處吸人之氣即可，向彼身吸氣，用某適當之處吸，並不一定要向彼打過去，用吸盡彼身中之力，在頂時用腰胯吸亦可。

4/3 —— 姿式自覺怪怪的都是坐腰坐胯之勢，尾閭及仙骨的功用才能突出，故應稱之為「功姿」。凡做功

法都是覺得立身怪怪的。

4/4 —— 對來力以用閒處接之，反應要快，更要擊之咬之，若只化，終至無路可走，要捉拿彼力。

4/5 ——

1、用閒處接，打拳時就要注意虛實，即忙閒、冷熱，認清自身之虛實，故曰「**轉變虛實須留意**」、「**命意源頭在腰際**」、「**意氣須換得靈**」等等。

2、專練足氣向下，專練氣充足踝。

3、怪怪的動才是功動，否則是平常的俗動。怪怪的站，這樣才能下實上柔，怪指的就是趴腰坐胯，作勢而動。

4/6 ——

1、練架時仍要作化人推之意，並求怪怪的站立之意。

2、大力壓我，我一定要先斷胯使彼失落，再吸彼黑洞。

3、化之中要專心求連彼之勁，連上即發之，求不頂之連。或在化中注視彼之黑洞，不慌不忙，有力

加於我時，即隱身化風吸之。

4、彼如腋下不虛，可以手托彼之肘，以腿勁擊其肩，彼不易逃脫。

5、凡倒時往往不敢將力交與腳來平衡，不信任腳力。其實如交與腳、小腿，或一軟足與小腿，就不倒。

4/7 ——

1、化至氣滿不能轉化，有相頂現象時，將意念轉至身中之閒處（虛處），將人擊出，此即將緊縮之氣驟然移至閒處所致。平常將氣運足，意念行至他處亦生同樣情形，此完全以氣擊發，猝然轉換虛實。

人迫來，我歛氣引化充足於一處，似已被捉到之狀，我即將意轉換閒處發，要有被迫而轉化之想較易發。

此即將運緊之氣鬆放開，以意念移至他處，原處所積之氣已無，自然變空，氣在他處驟然放大，即出發力。

2、一是以神摸黑洞，一是遇力即隱身。

4/8 ——

1、心中原形不動，用足胯動，一定要做到，尾閭亦
不動。

2、對來力要橫向扯轉之，不用直退。

3、彼按來，我順勢攦之，再向下按之，而後扶而
送之，此可推而引到他處使用。

4/9 ——

1、用頂頭懸效果大不相同，如用一般鬆化又費神又
效果不佳。用頂頭懸時，人一衝來就出去，輕鬆
自然，即用頂一點懸住不動，這樣可使原形不變
而動。事實上，怪怪的動（柔身）與頂上一點不
動是相同效果的，頂之不動就成怪怪的動，怪怪
的動頂上就不動，但動時亦要注意到頂，全身意
氣才能一致。

2、走架應作時時應對新情勢變化之想，或化或發或
縮或提，因敵變化之想。每下一個姿式就是新情
勢，用心去應對變化，每動之始就是新情勢之
始，如專心專意空比外在形式，是不會有太極拳
的。

4/10 —— 推手一定要注意冷熱閒忙之運用，使冷熱分清，使己之熱處集於一處與彼相接，然後可以以冷處發擊，或求脫身之動，只求脫身相貼，不要發，彼自出。

冷熱分清，氣在熱處流，伸縮、怪扭均是在行氣，氣在身中如翻江鬧海。

4/11 ——

1、虛實因應，前假後真，前熱後冷，以為必然之法。

2、不必在接觸彼身處發，以我冷處隔空吸彼黑洞即可。隔空吸擊時，應以熱處不動為最佳，如我無冷處時，以力求發而不動之勁亦可發（在彼與我以硬力相接時）。

3、以勁問彼，彼如鬆化，我即急速向彼柔處摸去，彼必跌出。如彼以硬頂，我即柔身後趴抱之，彼亦跌出。

4/12 ——

1、化時勁不可在中軸，因彼在攻我中軸。勁應分布於一側，及檔內兩側。

2、將彼力引至一側，而後以腿面吸彼黑洞，首在明雙方力之主軸，而後吸之，或以斷胯腰，使彼失落，隨即吸發之。

3、受壓不可有撐力之處，有之即放開（換虛實）。

4、原形不動實乃不移位，不移是一中定之力，即腰胯雖扭動，但不移位（形雖有移動，但心中有原形不移的定力，即中定之勁）。

5、換勁發即將接觸之勁猝換至腳，或胯亦可發，亦即是將所接之勁猝然放開使彼失落，即用我之冷處發，用皮毛發。

捨棄熱處，改取冷處，一般總是在最後產生頂抗，即有冷熱之分。要以一側或一處相迎，以分出冷熱，不可以中脊相迎。彼攻我何處，要迎之至一處一點，以冷處擊發（換勁）。

推手之成功是要能引彼之冷熱（虛實），熱處引好了，就可以我之冷處發之。

引（迎）有虛引與實引，虛引即不接彼勁，至被迫為變熱，即以冷處擊之。實引為實接彼勁使之為熱處後，以冷處擊之。

6、變化不可亂變，要先明本身虛實，在短兵相接時應用。彼拿到我、頂我時，我即刻換勁吸放之。

彼一壓到我，我即換勁應之。

7、心中用手肘把我腰腿塞進彼之黑洞內，亦是發。

4/13 ——

1、熱接冷變，接時求變，熱中找冷。

2、今天練動而不移並頂懸，則氣在身內運轉大而快。氣大圈運轉不是動身，並求柔身，上下相柔，腰胯一柔上下均柔。氣運轉一定要強大而快速才有感覺。

3、推手是以心意貼著彼身，以臀轉圈而已，不是推人拉人。

4/14 ——

1、要動而不移。由腰運動胯，就較易做到原形不變。

2、旋轉用向一個方向轉帶脈，就可全身氣轉。

3、熱中找冷，無冷要造冷，以熱變冷，熱不但是力，更要明其方向形勢，如此方能虛實分明。

4、發勁用吸縮最方便，勁最大。

4/15 ——

1、熱變冷（化），冷變熱（發），忙吸縮，柔行氣，

骨中行。熱者，熱戰之處。

2、每一動之新情況就是變冷熱，不可亂動。

3、我之熱與彼之熱必然相接，要聽清利用之，要我似氣流，遇阻即停，遇隙即鑽，彼來我即浮之，浮後趴吸。不與相接，不使得逞，我浮之、鑽之、抱之、旋之、翻之，彼甚迫我時則按之。隔空吸發，即熱冷猝變，發時以尾閭尖及接觸處不動為要。

4/16 ——

1、用虛實發人有效。授人發時身不移（全部身），發勁大，不移為定勁。

虛實法為冷熱互變，用冷熱互變攻人，彼不知不覺間被迫出。

2、在被迫死時以斷我撐處化死為發，餵人時成效很好。

3、有所動有所不動，身內一定要有部分動與部分不動之分，身之運轉就是此動靜之變化。推手時逢頂即靜（靜頂處），但他處仍在動，如水之流轉，故「**妙在一氣分陰陽**」。知所行知所止，行止在我。動為陽，靜為陰，亦即虛與實，此一動

一靜化生千億變化。

彼擊我，我以閒處接之。

4/17 ——

1、推手發生頂鬥時，雖有變化用勁，仍無法將彼擊
　退，重要關鍵在於死頂於一處，不肯相讓（此為
　雙重）。只對彼來勁路線攻守，此為大誤，故成
　頂鬥時不可用，雖有變化用勁，但仍未脫在原處
　原形頂鬥，故無功。應在頂鬥形勢已成，設法換
　勁，尋找冷處，虛實互變，陰陽相換，冷熱分
　清，不令彼知，使彼落空，無所依恃。以冷擊
　之，主要使彼在熱處落空，不能依靠我，我不令
　彼知，故我思想中應用冷熱、忙閒互變，變得清
　楚，使彼徹底失落，彼無有不倒之理。故曰：
　「化之不清，發之不遠」、「引進落空合即
　出」，最要緊要在他處以他勢擊之，不可以原
　處、原勢擊，是為至要。要分清楚，頂鬥不解乃
　因死抱原勢、原處、原點不放，不知運用虛實、
　陰陽、冷熱、忙閒，主要要在放棄原頂處，使彼
　落空，迅即變勢換點擊之，或同時一氣完成。這
　要深研之，一般都僅追研外面姿式，誠是可惜。

2、【練基本功】：

（1）心中保持原形不移變，只扭挪伸縮胯而動。

（2）被頂死時用之，即猝將自己硬力處，似枯腐之木碎塌崩散，向彼黑洞抱去，以穩我身。用腳踢彼，即以意提小腿送向彼冷處，彼必跌出。練攦時，形不動尾閭定住，只練胯提落，身自轉，身手避免觸碰彼身，觸而不碰，使彼無法捉摸我之動態。

4/18 ─

1、抬彼肩發，因其身柔，發之不跳，我同時抬其肩肘發，彼即僵，發之跳出。

2、打拳實在只要將身體上稀下厚，不離地而碾磨（臀與腿碾磨地，踝不離地，氣向下走），人即難將我推動。只用兩胯抽挪，不可亂動，動則散亂。

4/20 ─

1、要柔，要柔得深而無底，由腳向上、由頂向下柔，但內氣仍要交錯柔運。

2、對猛力相頂，以陰陽對待，熱處化淨，用柔用

斷，使彼失落。擊彼時遇到頂力，立即以柔相
應，自可由我之冷處擊之，猶水之前流。

3、人挨我，我絕對不可用忙處相應，應以閒處相
接，乃可變化無窮，始合法。

4/21 ——

1、基本功練進退，以挪胯進退，交換做，即進用左，
退用右……等。

2、起點柔，類「隱身化風」。

3、快慢相間，想快時，立即求慢；想慢時，立即求
快，這樣可快慢相間，動靜相變，身體柔綿無
比，剛柔相生，功非小可。

4/22 ——

1、腰椎之中心定住不動，則凡動都是圓轉。此即原
形不動，只用胯抽挪，這樣就無動不圓，雖有形
動，但非主動。

2、要想在走架中發揮要領，就要將下面架式的功法
先想好再走，不可隨走隨想。

3、站時心中要兩腿有力，全套走架中都要兩腿有力
站，不可斷。是心中想，非真用力，仍要求柔。

4、打一定要用閒處動，即使運動亦是用閒處動，身
  則可柔。

4/23 ──

1、發人其不跳，乃因其身柔，我未制到彼力點。後
  慢慢捉拿彼之力，待最後拿到其足跟一點之力再
  發，彼跳出。

2、某人足力甚好，詢其因何而得？回曰：「每日拜
  佛。」下拜時，以全身不動不變，只屈膝下蹲，
  然後跪拜，如此小腿受力甚大，因而獲腿力。其
  平日每日下拜四十九次，六、日一百次，伏地下
  拜。

4/24 ──

1、要使動時身內沒有拉扯之力，只有用腰配合胯扭
  扯活動。其根在腳，沉肩墜肘，舒胸下腹，踵頂
  相連，使勁力不向上行，只在胯下為要（腰與腿
  之間為胯）。走架者，腰與胯相互配合扭扯而已，
  不可亂動。
  動時先想好上半身要向哪個姿勢動，但不動，由
  扭扯腰腿來完成。即不自動，完全是腰腿之扭扯。

挪腰扯腿要輕輕行，以使圓活，實則乃是氣運腰腿，全是氣之運行流行，踵頂相連，氣由脊下。能運氣，始能圓活。

2、打拳身之跟在足，氣之跟亦在足。全套架踵頂相連，以足呼吸運氣，流走全身。

4/25 ── 某人按我甚輕，我化風吹之即出。試其他人亦同，風由足跟起。

4/26 ── 今天練頂懸。

1、動只用挪抽姿勢一樣成功，故頂懸不動，只挪胯扯開腰脊，同時旋踝，頂定住，使自身內部筋肉，揉成種種樣子。稍後便覺此抽扯均是氣之分合伸縮而已。

2、發勁時，用挪腰胯，身形保持不變為宜。

4/27 ──

1、用先假後真打蠻力，試人時很明顯有效。真打用作準備發之意效很大，不可真之。
用鼓盪勁一次就出。

2、發勁雖可用吸縮，但化風、皮毛、準備發、鼓

盪、下沉、以胸貼背等均有效用，但效應是不同的。在應用於發時可以用換勁，前動為假後動為真，用作準備發真好，輕而有效。發之起點先柔足跟。

4/28 —— 單腿、後悔做、順勢提、鼓盪均甚佳可用。
1、單腿—單腿就是彼推來，我用單腿之力應之，最好以先斷後用旋胯。
2、後悔做—後悔，以勁發人，如遇頂力立即以後悔發之心鬆開身，則勁即沉於腳，使彼毫髮無損跌出。
3、順勢提—彼按來，我以順勢走化，彼即自己前傾，我在順中不斷以腿接之，彼應勢而起。
4、鼓盪—鼓盪勁發不可只用腹，更要與腿勁一氣鼓盪方勁大。
　真正要練就要使全身上下之勁一氣成一整體，頂踵相連，要平整、均勻、柔和、順暢。
5、試人先假後真，有實效。

4/29 ——
1、發勁只要做準備發即可，如遇頂力，即原形不

變，挪胯應之化之，或有後悔碰到之心，或立即改為「隱身化風」。

2、有明手，有暗手，渾身是手，心到就是手。

3、有硬處就丟。

4、扭伸旋縮，伸用扭，縮用旋，此挪扭之法。胯腿與腰脊上下之一分一合為伸縮。伸用扭消僵，縮以旋消僵。

5、只吸蓄氣會滿而滯，要經由足底上下迴轉，則可不滯而至無窮。

4/30 —— 走避人之來勢，腿足總是落後。落後就走不盡，故要先走腿足。腿胯足要活潑，方不懼人攻。

故腿胯足總是先走，氣在其中流動靈活，才合走化要求，氣只在腿中流，不在上半身流動。

5/1 ——

1、推手主動攻人發人，是自己找人之勁來發；被攻是利用人攻我之勁發，借力打人。

一遇彼勁即變化我之陰陽，不離粘隨，主要在能變化我之虛實，避彼實就彼虛。

2、以挪扭完成姿式，不可先走姿式，要以挪扭在

先，先走姿式就會動肩手而致生僵，難成太極拳。要全身一致舒暢，兩臂要舒暢。

3、抬膝有抬不起來之意則內氣順暢（就是怪怪的動）。

4、將臂向腰脊打，確可助內部旋轉。氣向橫運不直運亦可助旋轉。

「**力由地下借，人地氣交流。氣似水樣流，滔滔又綿綿**」，確是很好之練法。打拳時除運氣外更要沉肩、墜肘、涵胸、拔背、鬆腰、坐胯、虛領頂勁等，此乃柔身之基礎。化人之攻時，如只用旋氣化則不脫呆滯，如加用沉墜等，則靈活甚多，伸縮均要從踵起。

5/2 ——

1、打拳如沉肩、墜肘、涵胸、拔背、鬆腰、坐胯、虛領頂勁等，要配合腰挪胯扭，即運動時一定要注意鬆開各處關節，方能周身一致，即上下相隨，周身一家，節節貫串，一動無有不動。

2、教人兩胯要放開，使得寬裕，彼全身即鬆了許多。
以沉墜等配合來勁，某人試之，好上甚多。

教人趴，彼稱一趴全都有了。

3、故一趴萬事備，怎可捨趴不用！一趴以後全身鬆
　柔，打拳不是做這做那比形式，是在運動時注意
　鬆開哪個部位、哪個骨節，才是真正在打拳。

5/3 ——

1、練時要化得大，方可在用時有擴大化的空間。要
　每化都在蓄勁準備發，以腰轉足似鑽之法化背為
　順，處處佔住先機。

2、運架沉肩墜肘、涵胸拔背、鬆腰坐胯……等雖屬
　不可少，但仍以伸旋為主，沉涵……等身法附屬
　其中，乃有周身一家，氣向下充於腿足。

3、身不移不動，用挪趴鑽翻呼吸來練，形即不動自
　動。

5/4 —— 隨化就發，受力化時，用兩胯上下相錯，有
化有發。

5/5 —— 吊檔則上柔下穩，不可無之。

5/6 ——

1、吊檔走架與地相接。

2、發以換勁接最靈活，即不用原處，用他處發。

3、每動都要有動中求不動之意，勁乃大，身乃柔。還要有不想動之意。前者為不出力，後者為不動手，以伸伸懶腰之意，乃動腰不動手。

4、抱提掀起彼之根。用胯腿之勁，非直接用手。

5、要捉拿彼攻我之力。

5/7 —— 吊檔時如全以腿來提，則比純吊檔好很多。即動時先將氣與力全部交與腿，如此有明顯的「**其根在腳，發於腿，主宰於腰**」之感覺。

5/8 —— 發人用伸縮勁覺得甚佳，發時仍要有化之心，或用扶彼之心則勁純。

5/9 —— 彼身之暗處是我所要覓的寶。

　　準備動乃即將展未展、似鬆非鬆之意。一直把自己置於將動未動之境。推手不可只全心注意彼之來勁，彼之來勁我可不知自知，故可不理它，要覓彼身之寶—暗處。

5/10 —— 覓彼黑洞（虛空處）之寶是要養成意識，我試人用二點覓黑洞控彼中脊，彼一無反抗能力。如僅覓黑洞不控彼中脊，彼反抗能力較活。

5/11 —— 動時腿足還是落後，故要先動足不動上身。沉墜中要有踝膝胯腰之活動，及扭臀旋踝、拖地、吸地等。頂懸不動，使整趟拳都是足腰在先運動，發於腿。

5/12 —— 沉墜涵拔移到仙骨兩胯去做，使腰胯寬鬆靈活。

5/13 ——

1、氣在兩腿之外側或內側運走，專心一致不要忘。並以胯作舒翅，如此人無法推倒。必要時再用吊檔，氣要繞足而上才有根。

2、欲要身柔，不可亂動，氣走周身，周身舒鬆。

5/15 —— 以化來發勁甚大。走架以化人推我之意走，則全身一致。

5/16 —— 教人在化時不要一化完就停，要繼續化下去，愈長愈好，的確他們就變得柔很多，不易摸到。故化心中要繼續化下去不可停，化得很長很長，很深很深。

5/17 ——

1、足與踝不但要先動（此全是心中的意氣），而且要動得大動得快方可身穩有跟，轉換時就不會有稜角，就圓順。兩腿只有軟下沒有撐的，氣走腿側，力由地下借。要用腰胯之勁來動，氣要歛入骨內，方可不為人知。

身柔，否則轉換動時身會僵硬。凡動先動足，動得大（動足中意氣），全身力都沉於足，全身主宰於足，不是腰。

2、什麼是圓？是氣勁繞軸而轉，轉時軸可移動。以意引領化轉，推手走架均如是。

3、任何動只要先用足動（在踝中轉氣），全身勁就柔變。故彼用手打我，我用足應，左右二足交換使用。

4、陰陽一直在變，陰變陽，陽變陰，不可滯留。即「變轉虛實須留意，氣遍身軀不少滯」，「遍

體氣流行，一定繼續不能停」。

5、被壓迫而致鼓氣相抗時，至適當程度猝將氣散至閒處，陰陽一變即成發。或以頂處之氣勁，猝然鬆散發，猶如氣球之爆裂。

5/18 —— 進時遇到阻力不要慌，用腰胯扭旋化阻力而進，仍有前進貼之意為要。退時也要用腰胯順勢旋化而退。

5/19 ——

1、想扭腰旋胯身易僵，且足易浮，要以吊襠配合才好，扭旋在自己身內就可以，不要扭到外面去。

又要動移時必先有扭旋，要扭旋必先扭踝，並要長要大，方可身柔。

彼力來時，以踝膝胯臀腰椎先旋轉來動，以化解之。至於肩肘腕則是避免旋動，並放鬆，不必刻意旋轉。

做以上功法要有以扭化彎力制我腰之意想，才更有感受。

2、發於腿可用勁絲在腿中相錯，但不若氣走腰腿之靈活多元變化，用此配合在扭旋之中。

3、勁總要先起於足，動時才有跟。

4、氣鼓足後放向閒處或彼暗處，亦為發。

5/20 —— 做身體怪怪地呼吸，若不動如何運轉，就是要用呼吸來動。與人推手凡動都是如此呼吸，要氣由足起才有跟，有怪怪地才有腰胯，要倒時腿足氣要運得快，像快跑。

　　動之基本一定要以足配合腰椎呼吸，立身要怪怪的。作任何功法，都不是原來的動作，所以都覺得是怪怪的。

5/22 ——

1、拳全在氣之流暢，要練運氣，各種姿式之運氣，由足與臀底配合呼吸，檔要大。動時除足先旋外，還要大檔始身穩。

2、對手大力壓來，如頂住則二力相等時。處理之法：

　（1）為側擊彼虛處。

　（2）使彼失落後擊彼。

　（3）如彼以快速攻來，我以「**挪胯扭腰回身看**」走化擊之。或直接將彼彈出。

3、己之氣充足，與高手相粘時可不理彼之來勁。只

要以意察彼虛實，搶得先勢。

4、一定要有化脫大力攻我之意，並要用扭脫周身衣
褲之意走架才是實在。

彼用手打，我用足回（用足化）比用腰胯化好，
因旋足，腰胯同時亦旋。

5/23 ——

1、化時不能有底，即要綿綿化下去不能停，與人試，
彼稱力甚大不可抗。彼試作之，彼即自感身柔。
如有底，即成僵態。

2、發時勁由上而下運，並化彼之抗力。

5/24 ——

1、呼吸乃求舒身，使全身筋骨舒長開寬，一無呆滯
僵硬。

2、用意想臀底有力打拳，下盤實而穩。

5/25 ——

1、吸縮改為吸放，化時用吸彼或地之氣，將自身放
開而不用縮，因縮要用力。

2、發等於向彼身抄垃圾（僵力）。

化（退）用一路存準備發之心。

發（進）是存準備化一路抄之心。

3、雖在動，心中要有一可動而不動之意，為而不作。

如雖想旋，但心中有不要旋之心，好像旋是錯的，

不跟著錯，這是將外力化為內勁之法。

5/26 —— 與人推，以沉墜等放開關節發之，勁大且佳，根本用不到發，只要放開自身八大金剛即有彈力。在實行上乃將自身縮小後放大，不是用伸的，伸有力，放乃求身空。

另以發中有化，進中找化，更使僵者摸不到頭緒，毫無抗拒而出。不是伸縮，而是縮小放大，是大與小。

用不到發，只要用涵、拔、鬆放關節，即由小變大，不是用發到彼身之意，反而要注意化貼，不觸碰彼身。今天的發只是如此發而已。

5/27 —— 打拳一直柔下去，愈來愈柔。動時以急速運氣（化敵）代替動。

化不要有底，柔一樣不能有底，有底則僵。柔沒有底是柔之真法。轉折處要用吸氣帶過，才能保持柔

軟。故打拳推手是一直在做柔身之功。

　　要用轉身化人來勁，不可像一般用轉腰。是用向後轉身退步化，代替直向後退化，即不用直退，如此順暢得多，即所謂「回身看」，回身向後看一看而已。

5/28 ——

1、 發人用旋，彼覺得較烈。我是用薄片（心中想像的一片薄片）在胯彎及腰水平旋。

2、 退（化）要有準備發，一路發之心。進（發）要有準備化，一路化之心。

5/29 —— 凡要用手做之事均交由腳做。將物掀起，不可用手掀，要用腳與腿掀，自身力求安舒。

5/30 —— 用旋發人，彼感威力大，用尾閭尖旋勁大。

6/1 —— 以旋發人，彼均不可抗而出。發時加入化，「**不頂**」為最高之發。

6/2 ——

1、發勁改用放開周身筋骨，使下沉於腿踝。容納彼
　之勁於我身內，其中有化，實乃化容彼之勁至我
　下盤。

2、練時一定要想著有人制我腰，如此才有意可用。

3、丟開熱處，急忙找閒處，才能柔。

6/3 —— 氣在仙骨部分水平左右轉，以助兩胯上下相
錯，故要轉轉轉。

6/6 ——

1、借勁以腳代手順勢化，非手自化，以腳勾彼腳之
　意。

　　發人以化風，再氣向下充更佳。

　　教人化完再連化就是發，甚有效。

　　千萬不能用一般觀念中的發，向彼身上衝去。

2、攦要用腳不用手，更要在身中發現僵時即鬆開則
攦得更遠，故向前發時如自身有僵力，亦即鬆開自
己，在發中找僵勁鬆放。

6/8 ——

1、心中豎一長棍轉放人，效果亦大。

2、發人還是要化得透，一意不能加，不但手無力，更要緊的是身上有力也要化得空、化得透。

　發人在自己身內做就行，不能將勁透出身到彼身上，彼之力全要收淨入我身。

3、用觸而不碰，彼被迫出，亦可心中用上不碰下碰。

6/9 ——

1、練推手主要在於下盤調整靈快，順變迅速，自己立於不敗之境，如跌出或背勢都是腿腳變動不及，而致站不穩。

2、發勁要化，化要用隱身化風。勁由旋生，旋在自身內旋，不出自身方能不頂。以下發上柔為尚，要一體完成。

　隱身化風旋向下，不及彼身人不知。

　輕放襠胯下前貼，觸而不碰才輕靈。

　又一

　觸而不碰心內旋，輕放襠胯身莫前。

　一切全為氣下紮，莫要心中存發心。

6/11 —— 與人推用旋（心內旋）氣勁，發現旋要不停要快速。

6/12 ——

1、從頂起向下旋圈，身內身外均可。

2、旋腰椎中一個點，氣上昇由肩而臂而指，而至雙臂自行前抱。

3、保持在想發而未發之狀態，化要原形不變，只挪胯扭腰。

【基本】：

發中要化（化得淨最妙），不令人知。起點先柔，隱身化風，做勢準備即止。原形不變，限用閒處。

【勁源】：

吸地氣、天氣、外物氣。

【方法】：

1、皮毛攻、氣貼背、吸貼（全身各處均可）。

2、關節合中（身內心中一點），關節爆炸、趴抱、換勁、陰陽互換、挪腰抽胯、縮脊、踢（以意將腳、膝、小腿、大腿送給彼看）腿面擊發。

3、彼微動己先動，熱冷相變，此假彼真，先假後
真，拔鞋。

4、遇柔速追，遇硬柔應（追用扶摸，柔要加貼）。
彼輕則以風吹之，亦出。

5、吸彼回來，非打出去，用吊檔、氣由衝脈下、氣
由脇下等吸。

用單腿應勁強，即用一側之勁應之。

手上頂時以換交胯來接。

引至左側頂來用右側發，引至右側用左側發，無
有不中。以真為劣，用假發或準備發為佳。

發用腰胯進貼扭化彼力。

我氣鼓足後散開，亦發。氣散至閒處或摸彼暗
處，亦可發。

吸縮改為吸放，亦發。

用兩腿向上抱人，非用兩手抱。

【第六冊結束】1996年2月24日~1996年6月12日筆記
※陳傳龍於2017年11月重新修潤整理完畢。

神意十八式
｜太極拳內功心法｜

陳傳龍 / 創編 *2017/7/23*

本功法共18式，在此次《太極拳透視》上卷，先行刊出1~6式，其餘7~12及13~18式將分別於《太極拳透視》中卷及下卷書中陸續刊出。

第一式、頂天立地

第二式、大鵬展翅

第三式、撥雲望月

第四式、翻江鬧海

第五式、穿環退環（前、側、上、下）

第六式、開闔天門（馬步）

第七式、舒腰固腎

第八式、童子摘梨（上、前、側）（馬步）

第九式、玉女奉茶（馬步）

第十式、撥草尋蛇（馬步）

第十一式、擠身穿環

第十二式、旋臀磨地

第十三式、活骨舒筋

第十四式、扭身搬鼎（馬步）

第十五式、魚躍龍門

第十六式、吊襠壓臀

第十七式、搖身灌漿

第十八式、隱身化風

【功法說明】

（1）命名：本功法以「神意」為名，由於行功所產生的作用全在於心中的神意，不在外面的形式，提請學者勿以外在形式為主求，心中求外在形式是全無作用的。

（2）特質：本功法的特質與優點，係由於將太極拳運作的精奧融入其中，所以於行功時立即會有作用產生，即使是初次學習，也會在手上或腳上有麻、脹、熱等氣感產生，並產生內動，這就表示在生理功能上已有了行功的效果。

（3）目的：本功法的目的，在於和通氣血、修練身體，一般而言，可以養生益壽、袪病延年。在太極拳而言，培養堅剛的體，以為拳術之用。

（4）練習：除飯後半小時內不要練以外，其他時間均可練、每一式練的次數可在3至24次內，視運動量的高低，及個人需要而定。或在整套

練習以外，挑選其中任何一式單獨練習，次數不拘，練習愈久愈佳。練習時，心中求鬆柔舒暢，不可用用力之心，呼吸純順自然為要。

（5）在練第一式「頂天立地」時，練習時間久了，由於啟動了先天內氣，而有身體自動的情形，可不必介意，乃是自然現象。待氣通了以後，自會不動。稍後如再有內氣啟動，又會動了，以後又可不動，即所謂的「動則不通，通則不動」，在太極拳中所謂的氣，即是這種內氣。功深以後，可以由心意運行，這就是經典所云的「以心行氣，以氣運身」。練氣的方式甚多，本功法亦是一法，要以自然的方式，方不致有害。所以行功心解云：「氣以直養而無害」，直養就是自然養。

在練其他各式時，內氣充沛時亦有震動的情形，這是氣的成長，可以愈養氣愈足。

（6）各式在外在形式上雖或有相近似者，但內在神意則是完全不同的，功在神意不在形式。如只有動作不用神意，是完全沒有效果的。

★★ 注意 ★★

1、全套功法練完，可自由散步，若有時間，可再練一遍或數遍，或挑選任何一式，不斷地練。

2、本功法的功效全在於心中的如何運作，神意要想得對，求外面的形式是全無作用的，推而及於太極拳，功效也是在於心中的運作，不在於求外面的形式，求外面的形式，就成了毫無太極拳的空架子。

3、本功法本為修習太極拳而編，運動量較高，以增進功與體。太極拳之本在於體，老弱者可只練1至4式，乃舒筋養氣之功，運動量較低，持久多練，必可收返老還童之效。待體能許可，亦可整套練習。

4、將本功法融入拳套姿式中來練，能有非同小可之功。心中不以外在姿式為主求，可採用十八式中任何自認適合的一式為主求，任何一式之功法均可在拳套中運用，或專心練一式均可。如此練才有了太極拳的實質內涵，而非只練一個外在形式。由於本功法的作用全在於神意的如何想，不在於外在姿式的如何，因此可以融入任何拳套姿式中運用。

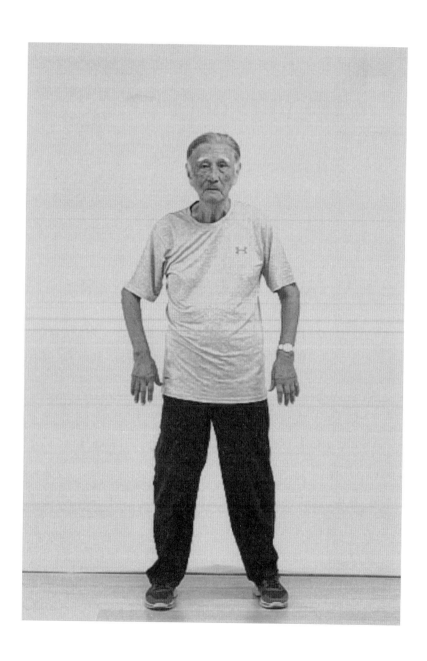

【功法運作】
第一式：頂天立地

□著法：

身體自然站立，兩腳與肩同寬，全身完全放鬆，心中一無所有。心中想著自己並不是在練功，也不是在練拳，只是在休閒觀賞景觀。並心想腳放鬆，腳底平平貼在地上，腳背放大。頸部也要放鬆，進入返璞歸真的狀態。兩肩因為放鬆，而有下沉的感覺。兩臂似掛在肩上似的，胸背、腰胯全部放鬆，而有下沉之感。此為第一式「頂天立地」，也是各式之預備式。以下各式在行功時，都要保持此立身狀態。本式實就是太極拳的預備式，無練習遍數可言，站立時間隨自己需要而定。亦可單練本式，其功非同小可，時間愈久愈佳。待有氣感時，即將神意收回，專注於自身氣感，一無所思。

□感覺：

此時兩手、兩足都會產生麻、刺、脹或熱的氣感，即表示對自己的生理狀況產生了作用。時日久了，由於內氣的啟動，而有身體自動的現象。如果身體鬆得透，頸部也放鬆了，臉部也會發熱、並泛紅，好像喝了酒似的，氣血和暢。

□功效：

功在力求心中一無所為，返璞歸真。

① ② ③ ④

第二式：大鵬展翅

□著法：

立身同「頂天立地」，心靜氣和。兩臂輕輕向左右兩側分開，分開時，心中不要用向上抬的方式，要用向外伸展的方式，臂也會自動上升。肩不要向上抬，要向下沉。動作時，心中力求慢、輕、鬆、不用力，作用全在慢、輕、鬆、不用力，同時也要想將身體放鬆、放大，待兩手高過頭頂時，即慢慢向內收合，然後再從胸前慢慢下沉。快慢的速度要求一致。兩臂下沉至身側原處時，稍停一下，待氣到齊後，再作下一遍。過程中力求舒暢自然。

作完收勢，回「頂天立地」。

□感覺：

在動作中感到手上有氣感，周身舒暢。若腳上沒有感覺，可心想腳底平貼地面，腳背放大。臉上亦有熱感，若沒有也沒有關係，只要周身舒鬆，就會有感覺。

□功效：

功在於在動作中心中求慢、輕、鬆、不用力，舒翅飛翔似的，神意要想得對，以求舒筋活血。

① ② ③ ④

第三式：撥雲望月

□著法：

立身同「頂天立地」，兩臂自然微曲，肩臂力求舒暢自然。心中以慢、輕、鬆、不用力的方式，將兩臂以向前伸的力量，向上抬起。兩肩要下沉，不可抬。兩臂一直向上抬，可高過頭，只要自然舒暢即可。稍停一下，再緩緩向下沉，在下沉中，心中有不要讓下沉之意。動作中速度要一致，直至下沉到身側原處為一遍，稍停一下，再作下一遍。作時，心中有將天上雲撥開，觀望月亮之意，只是想，不可影響身的鬆柔。

作完收勢，回「頂天立地」。

□感覺：

在動作中感到手上有氣感，周身舒暢。若腳上沒有感覺，可心想腳底平貼地面，腳背放大。臉上亦有熱感，若沒有也沒有關係，只要周身舒鬆，就會有感覺。

□功效：

功在撥雲望月，舒筋活血。心中力求慢、輕、鬆、不用力，全在於心中神意要想得對。

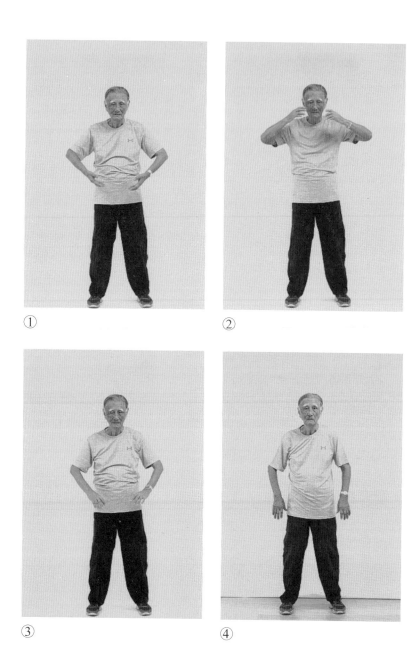

第四式：翻江鬧海

□ 著法：

立身同「頂天立地」，兩手慢、輕、鬆、不用力，向內由腹前向上捧起，掌心向上，漸漸至胸部前，再將兩手向下翻轉，緩緩下按而下。同樣要慢、輕、鬆、不用力，同時心想將海中水上下翻動，手按至小腹為一遍，再以同法作下一遍。

作完收勢，回「頂天立地」。

□ 感覺：

手上氣感強，同時腹有呼吸狀，但不要刻意呼吸，以自然呼吸為宜。

□ 功效：

功在翻江鬧海，鼓盪內勁。動作中，全在於心中神意要想得對，心中力求慢、輕、鬆、不用力。

①

②

③

④

第五式：穿環退環（前、側、上、下）

□著法：

立身同「頂天立地」。假想以雙臂由固定住的環中穿過又退出，兩手可微微握拳。

前：兩手微微握拳，不要用力。兩臂緩緩向前抬起，與肩同高，再緩緩曲回至肩，然後向前各自從假想的環中穿出，用胯腿發力。環的大小為勉強可將臂通過，心中想著手臂很難穿過，愈難愈佳。穿過後，以同樣的意想將臂退出回至肩，再緩緩穿出作下一遍。穿退時同樣要慢、輕、鬆、不用力，第一遍作完，再作下一遍。

側：將兩臂向身之兩側平舉，先曲後伸，向側作穿環退環，餘同前。

上：將兩臂向上直舉，先曲後伸，向上作穿環退環，餘同前。

下：將兩臂在身側下垂，先曲後伸，向下作穿環退環，餘同前。

心中一定要有難以穿出退出之想，這樣不但手上有氣感，同時產生周身內動之感。

作完收勢，回「頂天立地」。

□感覺：

兩手、兩臂氣感強烈，同時明顯的有周身內部受到力的感覺。日久功深，內氣充沛，有內氣自動爆發、兩臂震動的情形，可使身體內外都能運動到。

▲功效：

功在心求兩臂通過固定的環，增強內勁。動作中力求慢、輕、鬆、不用力，全在於心中神意要想得對。

①

②

③

④

第六式：開闔天門（馬步）

□著法：

立身同「頂天立地」。再將
右腿向右側橫跨半步，下蹲
如騎馬狀。兩臂曲提至兩
脇，再假想將天門一開一
闔，並假想天門巨大且重，
要使大力，才能開闔。先闔
後開，心中要慢、輕、鬆、
不用力。

作完收勢，回「頂天立
地」。

意要想得對。

□感覺：

氣不但貫於臂、手，身內筋
骨亦產生受力的感覺，運動
能量進入了身內。

□功效：

功在動作中，心求開闔天
門，天門愈重愈佳，可增加
內勁，並心中力求慢、輕、
鬆、不用力，全在於心中神

| 眾妙之門・上卷 | 3

太極拳透視

作　　者｜陳傳龍
發 行 人｜曾文龍
總 編 輯｜黃珍映
文字繕校｜林燦螢、黃珍映、薛明貞、尤雨婷、沈盈良、鄭秀藝
美術設計｜劉基吉
圖片攝影｜吳文淇
出版發行｜金大鼎文化出版有限公司
　　　　　臺北市 10688 大安區忠孝東路 4 段 60 號 8 樓
　　　　　網　址：http://www.bigsun.com.tw
　　　　　出版登記：行政院新聞局局版北市業字第 200 號
　　　　　郵政劃撥：18856448 號／金大鼎文化出版有限公司
　　　　　電　話：(02) 2721-9527 傳　真：(02) 2781-3202
製版印刷｜威創彩藝印製有限公司
總 經 銷｜旭昇圖書有限公司
　　　　　地址：新北市中和區中山路 2 段 352 號 2 樓
　　　　　電話：(02) 2245-1480

◆2023 年 1 月第 2 版　◆定價 / 平裝 新臺幣 350 元
◆ ISBN 978-986-92310-5-3

國家圖書館出版品預行編目（CIP）資料

太極拳透視：眾妙之門. 上卷 / 陳傳龍著 . -- 第
1 版 . -- 臺北市：金大鼎文化，2018.01
　　冊；　公分
ISBN 978-986-92310-3-9(第 1 冊：平裝). --
ISBN 978-986-92310-4-6(第 2 冊：平裝). --
ISBN 978-986-92310-5-3(第 3 冊：平裝)

1. 太極拳

528.972　　　　　　　　　　106016658